U0710544

紹興大典
史部

康熙會稽縣志

3

中華書局

會稽縣志卷第二十一

選舉志下

武科　武甲

武科

挾弓矢講韜鈐之士必以時而遇以地而生非若呫嗶之家童而習老而不倦可以人盡爲之者也然會稽自六千君子定霸以來非乏人也

國家教武於庠序與考秀並舉於鄉所謂修身以爲弓矯思以爲矢立義以爲的奠而後發發必中者

古者受命於祖受成於學亦其意歟是以武科之
制遠邁前代誰謂武勁之士必生於燕趙

明隆慶元年丁卯科

裘良用　章尚斌　章應隆

隆慶四年庚午科

章大忠　章文哲

萬曆元年癸酉科

金秉鉞　章容　章友聞

萬曆四年丙子科

章仲斌　吳紹文湖廣

萬曆七年己卯科

章文吉再中式　章成　鄭期顯

章應隆江西武元　章延壁廣西　陶世學北京

萬曆十年壬午科

項治元瀝海　章程　章遂再中式

王棟　陶世學直隸武元　于溥順天

萬曆十三年乙酉科

章仁　章方美　吳教

萬曆二十五年丁酉科

袁大寧　章敬身三科中式　章承祖

萬曆三十七年己酉科

謝弘儀　陶廷瓏　祝藎

尉耀副將　姚賓　楊獻清

杜肇勳紹興衛世襲指揮以漕運功陞白沙守備勦海寇劉香老陞廣東都司以親老歸養年八十餘猶嫈情詩酒有閒古齋詩集十種

萬曆四十三年乙卯科

馬繼俊順天　章明翰　章明威

萬曆四十六年戊午科

袁慶應天　沈可周　丁寧國

裘垣　章守魯　章應奎

天啟元年辛酉科

章易　章應試　章仁讓都司

天啟四年甲子科

章際會守備　章金　章仁武

章宏叅將　章國幹守備　章元飆

章正宗正宸弟都司　章國武都督有傳

天啟七年丁卯科

陶曾齡　順天

崇禎三年庚午科

邵武功　章壎　章龍雱

崇禎六年癸酉科

章度　章彪　章興

崇禎九年丙子科

章萬孚　章志俊

崇禎十二年己卯科

周晟　　孝元運　　劉震龍

崇禎十五年壬午科

祁靖流　　王芳

皇清順治四年丁亥科

陳紹斌

順治八年辛卯科

王三元　　董暹子中戀　　石之貞北籍

順治十一年甲午科

王由捷武元　　時胥賢北籍

順治十四年丁酉科

董德政北籍　吳錫綬　董兆麟北籍

順治十七年庚子科

周一文　周鋭　王國楨

康熙二年癸卯科

顧鴻文豹文弟　王宗文　李斌

朱昌府學　王承爵

康熙五年丙午科

董良槺良櫝弟　鈕元緯之曾孫　王元杰

張玉炫本姓趙

康熙八年己酉科

姜壇　王國珍　周奇

謝匡　羅淮

康熙十一年壬子科

韓馥　徐嗣惠　章烘北籍

武甲

較於文重者曰進士較於武重者亦曰進士始進正也鄉也邑之士口不言兵遇劍客藏鏃去襒則趨而避之今則執枹鼓擁大纛長轂雷野高旗彗雲猶是會稽之士也何勁怯殊哉進以道也

明萬曆二年甲戌科

金秉鉞 遊擊

萬曆五年丁丑科

黃崗 都督

萬曆十七年己丑科

章承祖

萬曆二十年壬辰科

章成

萬曆二十三年乙未科

范繼斌都司

萬曆二十六年戊戌科

范繼道總兵

萬曆三十五年丁未科

章仁 鎮撫　　袁大寧 都督僉事

萬曆三十八年庚戌科

謝弘儀 狀元

萬曆四十一年癸丑科

章敬身

萬曆四十四年丙辰科

章明幹　　陸之彥 都司僉書　　馬繼俊

天啓二年壬戌科

章昜　　章應試　　王鮮

天啓五年乙丑科

姚萬憲 狀元　章金

崇禎十六年癸未科

姚鍾

皇清順治六年己丑科

陶子元 山西都司

順治九年壬辰科

王玉璧 狀元　徐綱 北籍

順治十二年乙未科

會稽縣志卷第二十二

人物志一

名宦　寓賢

名宦

夫會稽自置邑以來千餘年祿於茲土者無慮數百人而史傳所載代不過數人以余耳目所覩記亦僅僅百之一二何其難也然考之故籍其在司牧惟廉以自持恕以澤民則傳之而猶與苛者不與焉其在司教惟嚴以律已勤以造士則傳之而

險與僻者不與焉夫廉與恕嚴與勤之四者豈人所難能哉直不爲耳嗟乎使祿於是者勉其所易盡之職以樹夫千百載難得之名則吾會稽之民若士其有攸賴也夫　徐渭

令

唐李俊之開元中爲縣令縣東北有防海塘自上虞江抵山陰百餘里以瀦水溉田久而崩廢俊之增修焉民賴其利後令李左次又增修之

吳鐐乾寧初爲縣令威勝節度使董昌反名[illegible]

策錄曰眞諸侯遺榮子孫顧不爲乃爲假天子自取滅亾邪目怒叱出斬之併族其家

宋

曾公亮字明仲泉州人舉進士以太常寺奉禮郎知縣事聽訟决獄吏莫敢欺縣有鏡湖瀦水以漑民田湖溢反爲田病公亮卽曹娥江隄疏爲斗門洩湖水入江田始不病後相三朝官至太傅魯國公贈太師中書令謚宣靖配享英宗廟廷

韓球建炎中爲縣令政事修明下民戚倚爲重時朝廷遣三使者括諸路財賦所至以鞭撻立威球

處置有方上不違法下不病民歛錢五百緡以俟

既而曰諸太守太守張首視事即求入覲爲上言

之詔追還三使者民咸德之

元

呂誠字實夫元統中尹省刑罰均賦役庭無冗事

尤以廉慎稱

周舜臣至正十九年尹蒞政公勤廢墮修舉田稅

宿弊靡不釐革民畏愛之

明

戴鵬字鵬舉信都人洪武初知縣事器度弘深清

修自守時信國公湯和軍四門趣郡縣供餽期甚

嚴鵬率民步行往餉日晡饑其從者進餅餌固却不受掬道傍水飲之一日休於縣廨忽雷震几案災焚書籍左右驚仆鵬神色自若徐曰撲滅之及秩滿民不忍去相與留其鞾

王宗仁福建延平人洪武初知縣事以廉能稱民吏懷畏秩滿去父老攀馬幾不得行

鄒魯鳳陽人洪武中典史釋滯理寃輕刑緩役招集流亡黎庶樂業父老奏魯治有異績擢知本縣

廣寧衛鎮撫趙與以公事至爲人私請不從誣逮

刑部事直上嘉其守擢大理右丞

淩漢河南人洪武中知縣事仁恕寬簡愛民如子病卒於官民甚哀之

陳堯弼字秉鈞大理人弘治中知縣事其政務興利補弊尤注意於學校爲闢地置田性復剛嚴不畏强禦時中貴出鎮者張甚及至弼遇之無加禮斂跡而去遷太僕寺丞

朱孟童玉山人永樂中知縣事政多惠愛尤先貧弱卒於官民哭之如父母

陳韡字孟東崑山人宣德中知縣事性度平坦政尚寬簡民服其化公餘兼事吟咏

曾昂合州人正統末知縣事慷慨特達銳志於治處州葉宗留反鄰郡兵發取道於邑民苦騷擾昂布令率民擒治境乃肅然

郭珙字元圭閩縣人成化中知縣事寬役緩刑救災恤患邑人德之又能以經術教人後生往往資焉

韓祥字景瑞潁人成化中知縣事明賞罰均徭賦

邑人懷之

張鑑字汝明南充人嘉靖中知縣事時縣中匿稅與詭以萬計賠者苦之鑑請覈詭一稅經歲寢食田野中逆詭事民大稱便商旅苦濫摧鑑又請裁冗署凡五所守介政寬不妄取一物不妄撻一人而所舉悉久遠大計被徵去縣服御蕭然未幾民爭祠之歷官都御史鑑之後古文炳番禺人清介方嚴與鑑相伯仲同時令山陰者方叢怨於民乃有古君子葉小人之謠以母喪去跣出郊哀號欲

絕見者愴動邑人並鑑祠之額曰雙淸
楊來鳳字從儀河南汝陽人正德中知縣事厚重簡默遇事詳審農桑學校次第舉行績最徵爲監察御史
高世魁字紹甫閩縣人正德中知縣事性秪而厲廉介不苟強梗斂跡尤銳意學政績聞徵爲監察御史
羅相字澄溪南昌新建人進士萬曆中知縣事政有實德百廢具舉不事文具威愛兼行修學宮造

渡東橋置常平倉祭酒陶望齡立石記之

翁愈祥蘇州常熟人萬曆戊戌進士巳亥以鄒平令改知會稽愈祥弱於軀衆而強於禦好仁愛著乎心而油然達乎顔色人望而懷焉號之曰毋先是民間輸賦者苦吏卒暴之祥至更爲寛條而事益集逋益完時妖獄與其渠魁黨走監司疑越大姓保持之責捕甚峻民小有嫌隙輒詘言告密祥一以詳重行之治朞月邑大稔民曰吾仁令所致邑先有虎民又曰虎去吾令寔驅之明年計還祥

所後喪留居廬中越人始傳祥所後業産于不當復爲持服父老聞咸喜舞而胥吏輩皆色沮有閒傳告曰祥眞不來矣父老咸愴然泣下云祥治稽纔踰歲而功德在民歌思不忘也

趙士諤字蓋菴吳江人禮士愛民不畏强禦百姓謳思有趙元壇之稱在郎署時力救劉宗周海内傳誦官至廵撫太史陶望齡爲文序之

史垂則字言爲常州宜興人萬曆丁未進士居官以教養爲事平易近人任開墾得田六千畝復鑿

曹娥壖地得磽田萬畝春耕則緩徵徭停勾攝俾民力作行之數年獄訟衰息民肖像而祀之

彭汝楠字尚木福建人萬曆間進士爲政通敏考核有冰鑑之目振拔單寒激厲士風自下車至遷擢鼓舞不倦其所錄士多顯揚於世名拜給事諫垣魏良卿封爵被劾奪後起復歷官侍郎

皇清崔宗泰字斗贍靖藩下恩貢居官清廉多惠政治民寬嚴互用不縱不阿時兵役繁興承上勸下處之裕如稱爲眞父母後陞常州知府民咸思之

丞

元 彭仲宣至正十七年丞政公訟理吏民翕然服之

明 陸平益都人永樂三年丞寬平仁恕屢辯冤獄民感德之

簿

元 毛彥穎至正二十年簿執法不阿時呼爲鐵主簿

尉

宋 徐次鐸東陽人慶元中尉廉明公謹政事修舉時鏡湖漸廢屢請復之弗得乃曲爲營處民獲其利

教諭

元童桂慈谿人太定中學諭動止有度教人各因材時學燬於火官廡鞠爲蔬圃桂至力與之爭卒於官

寓賢

聞之庸蜀與雒鵲同巢句吳與蠹黽同穴遠人之來登相習哉雖然會稽之習則遠人變之自晉之東渡王謝諸賢始入越於是而來者踵相接冠裳禮樂遂甲於天下於越之俗無復存者惟巖壑爲會稽舊物焉陟秦望探禹穴發宛委之藏書鼓若耶之櫂溯鑑湖而東流一觴一詠名士風流悠然如晤何可忘遠人之遺澤哉爰志寓賢

唐康希詵一名希仙嚴州人希詵年十四明經登第

歷海濮饒房台睦六州刺史皆有異政顏眞卿撰碑記其事開元初入計請老於會稽

賀知章字季眞越之永興人性高曠善譚說與族姑子陸象先善象先嘗謂人曰季眞清譚風流吾一日不見鄙吝生矣嗣聖初舉進士累遷禮部侍郎兼集賢院學士元宗自爲賛賜之後遷太子賓客授秘書監知章晚節尤誕放自號四明狂客初病夢遊帝居數日寤乃請爲道士還鄉里以宅爲千秋觀有詔賜鏡湖一曲旣行帝賜詩皇太子百

官皆出餞擢其子會爲會稽司馬賜緋魚使侍養
㓜子亦聽爲道士卒年八十有六
張志和字子同金華人始名龜齡父游通莊列二
子書爲象罔白馬證諸篇佐其説志和生十六擢
明經以策干肅宗特見賞重命待詔翰林因賜名
後坐事貶南浦尉會赦還以親喪不復仕築室越
之東郭自稱烟波釣徒每垂釣不設餌志不在魚
也著元眞子亦以自號觀察使陳少游往見爲終
日留表其居曰元眞坊以門隘爲買地大其閭號

回軒蓬陸羽嘗問孰爲往來者對曰太虛爲室明月爲燭與四海諸公共處未嘗少別也何有往來志和善圖山水或擊鼓吹笛舐筆輒成嘗撰漁歌憲宗圖眞求其人不能至李德裕稱其隱而有名顯而無事不窮不達嚴子陵之比云

方干字雄飛新定人工詩賦始舉進士有司奏干缺唇不可與科名遂遯迹會稽漁于鏡湖蕭然山水間以詩自放咸通中太守王龜知其亢直薦爲諫官名不就將殁謂其子曰志吾墓者誰歟吾之

詩人自知之志其日月姓名而已及卒門人相與私謚曰元英先生孫希韓哭以詩曰牛斗文星落知是先生死湖上聞哭聲門前見彈指官無一寸祿名傳千萬里死著紙衣裳生誰念朱紫我心痛其語淚落不能已猶喜韋補闕揚名獻天子唐末宰臣奏名儒不遇者十五人追賜進士出身干與焉

宋胡直儒字少汲高安華林人少力學以詩受知黃魯直紹聖間擢進士爲[illegible]參嘗救元祐黨禍累遷

工部尚書郎以龍圖閣學士知洪州兼東道都總官率兵襲金人於雍丘斬首千餘級已而兵潰見執在湖濱聞京城失守大慟不已金人欲立異姓廷爭之久得歸欽宗撫諭曰孤城久閉天下兵至者獨卿與張叔夜耳及張邦昌僭號嘆曰吾豈事僞主耶高宗卽位亟赴行在所奏益虔吉戍兵收刑部尚書封開國伯奉詔治攢宮因留焉未幾而卒葬雲門白水塘有西山老人集行世

韓肖胄相州人忠獻公琦之曾孫徽宗時賜同上

會出身建炎初爲工部侍郎條奏戰守計千餘言累遷簽書樞密院事後以資政殿學士知紹興府尋奉祠與其弟膺胄寓居於越事母以孝聞卒謚

元穆

尹焞字彦明本洛人少事程頤嘗應舉發策有誅元祐諸臣議焞曰噫尚可以干祿乎哉不對而出告頤曰焞不復應進士舉矣頤曰子有母在歸告其母母曰吾知汝以善養不知汝以祿養頤聞之曰賢哉母也於是終身不就舉靖康初用种師道

薦名至京師不欲留賜號和靖處士及金人陷洛焞闔門被害焞死復甦劉豫以兵刼焞抗罵不屈夜徒涉渡渭潛去以身投寓長安山中轉徙崎嶇流落于蜀紹興五年以秘書郎名八年除秘書少監兼崇政殿說書每當講日前一日必沐浴更衣以所講書置案上朝服再拜齋于燕室或問之曰必欲以所言感悟君父安得不敬高宗嘗語參政劉大中曰焞學問淵源足爲後進矜式班列中得老成人亦見朝廷氣象累除禮部侍郎兼侍講因

極論和議之非又以書切責秦檜尋乞致仕其壻邢純爲浙東安撫迎養于越蓋居二一年而歿年七十有二遂塟于五雲山石帆里所著有和靖文集十卷

李顯忠字君錫本名世輔綏德青澗人孝宗元年丐祠居會稽遂卒而塟焉初爲鄜延路兵馬紹興中自西夏率衆來歸高宗召對便殿獎賚甚渥賜今名兀朮侵邊會諸將戰于拓皐大敗之顯忠生長邊陲熟悉敵情因上恢復之策忤秦檜意屏居

台州久之金主亮入邊詔起顯忠爲池州都統與戰於大人洲首挫其鋒亮擁兵犯淮西王權敗走詔顯忠代之遂同虞允文大敗亮於采石復和州又復靈壁又復宿州軍聲大震會副將邵宏淵忮功不協倡言惑衆心士無鬬志師遂潰於符離顯忠嘆曰天欲未平宋室耶而沮撓若此乃納印待罪責授團練使安置長沙徙信州後朝廷知其故復太尉歸老於會稽歲賜米三千石顯忠生而神奇立功邊陲父子破家徇國志復社稷未就而卒

朝野惜之帝嘗奇其狀貌魁傑命繪像閣下謚忠

襄

曾悫字仲常南豐曾鞏之孫以父任爲郊社齋郎

累遷通判溫州攜家次于越建炎三年金將琶八

陷越城下令文武官在城中者詰旦皆詣府見不

至者死悫獨不往逮捕見琶八辭氣不屈抗言國

家何負汝汝乃欺天叛盟恣爲不道我宋世臣也

恨無尺兵以殺汝安能貪生事爾也時金人帳中

執兵者皆愕眙相視琶八目且令出左右驅悫及

其家屬四十餘口于南門外同日殺之越人作大窖瘞其屍其弟餘杭令息收葬于天柱山恴死國與衛士唐琦時事相同琦有旌忠祠而恴以流寓迄無建白之者嘉靖壬寅知府張明道始剏大節祠並琦祀之於是越人始知有曾公云

曾幾字吉甫贛州人以兄弼恩起將仕郎累官敷文閣待制立朝敢諫負氣不阿佞幸閹貴一無所假嘗三仕嶺表家無南物晚節尤重於人雖憸邪如湯思退猶以不得從遊爲恨早從舅氏孔文仲弟兄講學時諫官劉安世以黨禁人無敢窺其門

幾獨從之遊避地衡嶽又與胡安國遊故其學益

邃爲文雅正尤工於詩有經說二十卷文集三十

卷幾初與兄禮部侍郎開徙家河南紹興末因宦

浙東卜居於越寄禹蹟寺未幾其子浙西提刑逮

迎養于官卒平江歸塟山陰之鳳凰山詔贈左光

祿大夫謚文清

王希呂字仲行宿州人避亂徙合肥用祖父廕補

官建炎間扈蹕南渡僑寓嘉興以事忤秦檜去迨

孝宗朝召試登乾道五年進士除右正言疏斥佞

臣張說出知廬州淳熙八年以龍圖閣學士知紹興府並著政績仕終吏部尚書端明殿學士晚移家會稽貧不能廬寓僧舍孝宗聞之賜地一所錢六百萬緡令有司造第于城之東隅子孫世居于此即今所稱後衙池也

張震字彥亨蜀人登乾道己丑第歷院轄寺丞知撫州江西倉以不附韓侂胄爲言路論罷嘉定初名爲郎遷右司郎官奉祠不復出娶會稽文清公之女因家于越時論以正人許之

林德暘字景熙温之平陽人宋咸淳中進士宋亡不復仕嘗寓越適楊髡發宋諸陵棄其遺骸景熙佯爲採藥行陵上以草囊拾之盛以二函託言佛經瘞越山植冬青樹以志之而哭之以詩既而歸平陽尋爲會稽監簿王修竹延致于是往來吳越者二十餘年所著詩文有白石稿白石樵唱詳見攢陵下

謝翶字臯羽閩人也少倜儻有大節以文章名家元兵取宋文天祥開府延平翶傾家貲率鄉兵數

百人赴難遂參軍事天祥轉戰閩廣至潮陽被執翱匿民間流離久之閒行抵句越句越多故家而王監簿諸人方延致游士日以賦詠相娛樂翱時出所長見者絕倒不知其爲天祥客也然終不自明遂結社會稽名其會所曰汐社期晚而信也嘗行禹穴間循山左右窺祐思諸陵北嚮哭東入鄞過蛟門臨大海則又哭晚登子陵釣臺以竹如意擊石歌招魂之詞失聲竹石俱碎有西臺慟哭記臺南白雲村方千故居也翱遊而悅之願即此爲

塟地作許劍錄又爲晞髮集既殁友人如其言塟焉以文稿殉從翶志也

鄭樸翁字宗仁平陽人咸淳中入太學賜上舍釋褐歷福州教授尋除國子正宋亾諸陵被發與友人林景熙等謀間行拾之語在景熙傳中既而歸隱薌山瀑下會稽王英孫延致賓館教授子弟二十餘年後以病歸卒于家林景熙誌其墓曰余與鄭公生同里學同師由長至老又同出處而公沉毅直方自許致君澤民志不獲遂猶以言語文字

扶植綱常精衛塡海憑霄銜土重可悲也所著有四書要指二十卷禮記正義一卷雜著二卷曰續古有詩一卷曰厚倫皆精實並傳於世

元貢性之字友初泰甫從子宣城人也初以胄子除簿尉有剛直名後補閩省理官元亾明太祖徵錄泰甫後大臣以性之薦性之改名姓避居于會稽躬耕自給老而無嗣其鄉人芮麟嘗過之憐其羈困邀與俱歸性之辭以詩有云遊絲落絮都成恨社燕秋鴻各自飛杜宇叫殘孤舘夢西風吹老故

山椒每有所感則泣下形而爲詩有詩曰眺[illegible][illegible]散越王臺萬壑千巖錦繡開欹幌僧鐘雲外落擣簾漁唱鏡中來樹藏茅屋雞聲斷露濕松巢鶴夢回安得畫圖分隙地移家仍住小蓬萊勸之仕者輒默不應卒門人私謚曰貞晦

明劉基字伯溫青田人年十四通春秋能文章長務理學尤精于天文兵法舉元進士丞高安議不合去隱居力學嘗遊武林西湖有異雲起西北座客以爲慶雲將分韻賦詩基獨縱飲不顧曰此天子

氣應在金陵十年後有王者起其下我當輔之方國珍反海上省憲辟基爲行省都事基議方氏首亂宜捕斬行省以請於朝大臣多納方氏賄准招安授國珍官駁基擅作威福覊管紹興基發憤慟哭嘔血欲自殺家人力沮之於是居紹興放浪山水以詩文自娛凡新刹蕭暨諸名勝遊賞殆遍而盤桓雲門諸山最久具有記已而方氏益橫朝議思基言復起之基意不屑卒棄歸著郁離子十卷明太祖兵下括蒼遣使來聘遂間道詣金陵定計

帷幄卒爲元勳第一人

無名氏二人當永樂初一爲樵者寓耶谿日鬻薪兩束足食則已食已往畫詩溪沙上畫已輒亂其詩人怪之一日忽從後持抱乃得讀其詩云夢入鵷班覲紫宸醒來依舊泣孤臣半生家國唯餘我萬里江山竟屬人無地可容王蠋死有薇堪濟伯夷貧伶仃苟活緣何事要了熒熒一點眞一爲僧寓雲門寺不言其由毋從一童子攜茗具筆床泛舟四遊賦詩滿袖歸則焚之不留一字兩人者疑

皆建文忠臣晦姓名而遯者也至後查表忠録樵者名廖平襄陽人建文時官兵部侍郎携太子出奔雲門僧名蔡運南康人貢起家歷官四川叅政清勁直諒不諧于俗罷歸起賓州知州有惠政壬午與聞出亾之事因薙髮爲僧至會稽雲門寺寓焉

楊定國兖州人崇禎間奉使過越聞變自縊死從者星散邑人范會憐之爲之營塟于賀家湖有歲時以鷄黍致祭

姜埰字如農山東萊陽人崇禎辛未進士屢遷工
科給事中時内豎揭朝堂指東林倪元璐等爲二
十四氣埰奏是小人以此傾陷君子帝大怒廷杖
劉宗周疏救謫戍邊海赦歸同弟垓庚辰進士奉
母寓章閶家曲盡孝養與章正宸爲道義交
梅念殷湖廣麻城人巳邜舉人避流寇寓居稱心
寺善詩文體近離騷
高弘圖山東人萬曆庚戌進士講學東林寓居會
稽聞變絶粒死與劉宗周同時

祝淵字開美海鹽人崇禎癸未上書救劉宗周下詔獄尋赦歸宗周以書招之淵輿疾至讀書古小學後以營葬還里聞變結帨死

會稽縣志第二十二卷

會稽縣志卷第二十三

人物志二

列傳前　列傳後

會稽負巖壑之奇據東南之勝靈秀所鍾自古號稱多賢蓋不獨士之生于斯寓于斯者蔚然可紀而貞婦烈女緇黄雜技之載于青史者亦班班焉何其盛也今之會稽豈有殊于昔哉而才賢或差不逮于數十年之前則較之往古抑又可知矣此何說焉蓋以觀于鄉之尚士與庶之風昔以朴今

漸以華昔以儉今漸以侈夫華與侈相乘故志曰濫而節易隳即卓然不移者間有其人而視諸數十年之前終有間矣尚何望于往古者哉嗟乎必有豪傑者作返朴與儉使鄉易其尚士與庶易其風而後古之會稽可復見矣 徐渭

列傳前

唐羅珦寶應初詣闕上書授太常大祝曹王皋領江西荆襄節度使嘗署幕府累遷副使皋卒軍亂劫府庫珦取首惡十餘人斬以狥環棘庭中俾投所

劫庫物一日皆滿乃貰餘黨召爲奉天令中官出
入輦道吏緣以祀禁珣搒笞之雖死不置自是屏
息擢廬州刺史修學宫政教簡易有芝艸白雀之
祥淮南節度使杜祐上治狀賜金紫服再遷京兆
尹請減平糴米以常賦充之人賴其利以老疾求
解徙太子賓客累封襄陽縣男
羅讓字景宣珣之子蚤以文學著聲舉進士宏辭
賢良方正皆高第爲咸陽尉父喪幾毀滅服除布
衣糲飯不應辟者十餘年淮南節度使李鄘延致

幕府除監察御史累遷福建觀察使兼御史中丞有仁惠名或以婢遺讓者問所從荅曰女兄九人皆爲官所賣留者獨老母耳讓憮然爲焚券召母歸之入爲散騎常侍拜江西觀察使卒贈禮部尚書

宋羅開淵字仲謙開寶間守臨江崇儒尚禮士民化之卒贈臨江侯

錢彥遠字子高舉進士歷知潤州以地震上疏勸帝愼天脩德且言契丹據山後諸鎮趙元昊盜靈

武銀夏湖廣蠻獠刼剥生民願軫此三方之急講求長久之計以荅天戒時旱蝗民饑即發常平倉以賑部使訐其專且權沮之彥逵不爲屈召爲右司諫知諫院會諸路奏大水彥逵言陰氣過盛在五行傳下有謀上之象未幾果有挾刃入禁門者特賜五等服卒于官弟明逸歷太常博士爲呂彝簡所知擢右正言

孫沔字元規舉進士爲監察御史裏行景祐初章獻皇后服未除而禮官請用冬至日册后沔奏請

侯祥禪別擇曰又奏請宥李安世以風言者出知衡山縣道上書言時事再貶永州後知秦州仁宗勉以邊事對曰秦州不足憂陛下當以南方爲憂明日官軍以敗聞遂以洵爲荊湖江西廣南安撫使未幾賊平遷樞密副使契丹請觀太廟樂洵折之曰廟樂皆歌詠祖功宗德使人如能畱助吾祭乃可觀使遂不敢復請張貴妃薨追册爲皇后命洵讀册故事正后翰林學士讀册洵旣位右府辭之不從及至樞前乃曰此册臣洵讀則可樞密副

使讀則不可置册而退時相取讀之遂求罷職以
資政殿學士知杭州在杭治奸僧猾民不少貸累
官觀文殿學士知延州卒年七十一贈兵部尚書
謚威敏
齊廓字公闢舉進士授梧州推官累遷太常博士
知審刑詳議官出知通泰州提荆湖路刑獄潭州
鞫繫囚七人爲強盜當論死廓訊得其狀付州使
劾正乃悉免死平陽縣自馬氏時稅民丁錢歲輸
銀二萬八千兩民生子至壯不敢束髮廓奏蠲除

之初兼按察司時奉使者競爲苛刻邀聲名獨廓奉法如平時積官光祿卿直秘閣以疾分司南京改秘書監卒

顧臨字子敦通經學爲國子監直講遷館閣校勘同知禮院臨知兵神宗詔編武經要畧且召問兵對曰兵以仁義爲本動靜之機安危所係不可輕也因條十事以獻出權湖南轉運判官提舉常平議事忤執政意罷歸元祐二年擢給事中朝廷方事回河拜天章閣待制河北都轉運使翰林學士

蘇軾等言臨資性方正學有根本封駁議論有古人風宜留置左右不報臨至工部請因河勢回使東流復以給事中名還歷刑兵吏三部侍郎兼侍讀爲翰林學士紹聖初以龍圖閣學士知定州徙應天河南府忌者指爲黨人斥饒州居住會畢恩還鄉里年七十二卒

錢勰字穆父彥遠之子以蔭補官神宗嘗名對將進用之王安石使弟安禮來見許爲御史勰謝曰家貧母老不能爲裏行安石知不附已命以他職

知開封府老吏畏其敏欲困以事導人訴牒至七百緫隨即剖決吏乃驚詫去　宗室貴戚爲之斂手名拜戸部侍郎進尚書加龍圖閣直學士因忤章惇惇極意排詆罷知池州卒

陳居安乾道五年爲臨海令以興利除害爲巳職邑有大惡溪小惡溪峭石隱見疾流衝激舟稍不戒輒破覆居安募工去石民甚便之守以其能檄董治東湖稽復侵漁浚決壅滯創制斗門爲利尤大

施德懋端平間進士知建平以操幹聞值歲饑多方賑救全活甚衆縣故有學士以無養失業德懋奏置田五百畝招徠俊秀躬教餙之士類聿興秩滿遷審計司

詹騤字晉卿淳熙二年廷試第一累官至龍圖閣學士知定國府以文學政治聞其子孫世居南門外

元華凱字元凱至正間爲蕭山尹時邑田多蕪民失其業凱覈實民田鄉無爭競至今賴之

明錢尚絅字允裳宰之子洪武初領鄉薦授新城簿新城當杭睦之交兵燹後存者無幾尚絅與令披艸萊以創治竭力勞撫民賴以安

趙淵字澤民洪武初領薦授陽穀令遷山西按察使繩贓吏興學校卓有時譽及解官結茅先隴之側簞瓢誦讀無異布衣鄉人賢之

宣溫字彥溫少頴悟好學襟度超曠家貧處之裕如洪武中被召上詢以治道溫條對甚悉上因問漢高祖殺功臣光武全功臣優劣何如溫對曰高

祖殺功臣功臣自殺光武全功臣功臣首全上悅其言授四川左參政居官有惠政蜀人祠祀之

王琦字叔琦少力學有志事功洪武中陳時務十策有裨治道授鹽城令興革利弊民甚德之永樂初遷刑部主事不就歸弟璲舉經明行修科爲襄城伯訓導一時公卿皆折節下之

章敞字尚文永樂甲申進士是年初選庶吉士讀書中秘敞與餘姚柴廣敬與焉預修永樂大典四書五經性理大全諸書後居刑曹屢辯冤獄人服

其明累遷禮部侍郎兩奉詔使安南諭黎利父子得使臣之體轉左侍郎每有獻替多所裨益時晋府以護衛官軍田廬請英宗命敞理之至則討軍分授餘給與民咸沐其利又同尚書胡濙考定新舊令式明白簡易吏不敢欺至今賴之

徐初字復陽自幼務精思力踐之學領鄉薦教授濰學久之徵爲給事中仁宗改元首疏治道十事常見施行進都給事中宣德中漢庶人高煦反勸上親征賛襄有功賜臧獲四人英國公張輔朝會

失儀初劾其跛倨無人臣禮上雖曲宥輔而心嘉其直擢大理卿持法務平恕嘗與寺丞楊復論事不合被劾下獄太史奏大理星不見上特復其官星乃見正統初乞歸又十年聞乘輿北狩一時悲憤而卒初生平忠誠孝友內外一致而剛廉節槩尤爲縉紳所推

周頤字養浩爲人卓絕敏邁讀書日記數千言永樂初徙巨室丁壯實京師頤以兄當行而母老遂慨然上疏請行詔許之已而入太學卒業拜監察

御史屢決寃滯明激揚百僚震悚遷山東參議有聲齊魯間佐遂安伯理兵事于山海關規畫周委邊境賴之及調江西平大盜劇寇功尤著英宗改元遷福建左布政使至則建侯官懷安兩縣學開江山浦城道至今稱便

胡智字宗愚少穎悟兼通藝學與鄒緝王誼輩爲友永樂中舉進士拜監察御史益稜稜掌院顧佐深器之謂可屬大事已而出按部多所平反中貴人某怙寵觸法連引齊魯楚蜀數郡智奏詔往訊

一鞫得其情擢福建按察副使墨吏聞之望風解綬遷廣西按察使龍州與交趾思郎州連歲交兵爭地智定以公議交人不敢復爭宣宗特加賞賚進左布政使異政尤多景泰初乞歸杜門謝俗守令鮮窺其面居地若隘守欲以閑曠地益之辭不受

張禎遜字友讓性剛直公于嫉惡居嘗讀書嚴義利之辨嘗曰我私淑孟軻氏于遺書人皆稱爲張孟子永樂中舉賢良方正科授福建按察司照磨

數與上官辨時政得失言論侃侃不少詭隨上官嫉之不得行其志遂欣然著角巾以歸一時詞林諸名人競爲詩文以高其行

胡季舟字汝弼永樂甲午舉于鄉明年試禮部下第詔命覆試拔其尤得二十四人而季舟與焉賜冠帶給教諭俸俾卒業太學辛丑以親老請除松江訓導遷常德教授見義勇爲不惜財利人皆重之

章瑄字用輝景泰中進士授職方主事出守山海

闕時中貴魏榮領神鎗縱所部京校假冒試官[illegible]
闕事後府舍人王延倚藉宮掖得管押戍卒往役
廹脅其婦攫其橐且盡瑄並奏悉置諸法御馬都
監指揮脫人赤有寵于英宗命使朝鮮而無關符
瑄持之不奉脫馳奏上震怒械繫闕下言官論救
乃釋尋遷車駕郎中進遼東行太僕寺少卿諸番
貢馬入境多爲閫帥所擅瑄請歲遣官閱所貢馬
于各邊自是歲得良馬無算于邊徼建學以教列
校子弟遼士始知禮義尋乞歸所著有竹莊集四

十卷

徐彰字澤民任臨淮縣教諭嘗條陳時事有利于民遷景東教授景東爲雲南極邊地兵荒之餘學無處所彰廉知有公署據于强梗遂言于朝即其地建學能以師道自重復除天津三衛學武臣倨傲無禮彰讓以大義皆致畏敬鄰壤取法焉致仕卒于家子耕官訓導學行類其父

沈性字士彝年十二即解爲文嘗夜讀書稍睡輒警作逐睡魔文一時師友咸奇之景泰初登進士

授御史廉慎端嚴爲左都御史蕭維禎所器重已
巳之變敵勢方張詔往閱軍器謹守望性到邊徧
走墩堡志險易景泰大漸英宗在南内廷臣議迎
洶洶未定性與林聰等贊決之夜漏下三鼓武臣
排闥導駕出性趣聰與周必兆翼維禎突仗前進
名翼戴以定大計俄而論功爲徐有貞所蔽出知
寧國郡至則訊民疾苦拊循備至又以其餘孜孜
學校一時士奮起軼他郡未幾以外艱歸卒于家

孫橋字宗周嘉靖中進士歷順慶守終湖廣按察

使所至皆有聲績而清白自持不愧乃祖云

曹謙字廷遜髫時即以文名景泰初領鄉薦授潮州同知更徙韶州所至以廉能稱遷高州郡守猺獞出沒摽掠民不聊生謙綏禦合宜咸皆戢服至有迎拜道左乞田輸稅以自齒于編氓者高人至今祠祀之

韓邦問字大經父顒耿介有學長于詩有衡軒集官襄府長史邦問因舉湖廣鄉試成化中登進士爲廷評慮囚四川多所平反出知淮安府節冗費

辯滯獄又集漕卒禁私鹺其所設施不爲苛察而人畏服久之以都御史巡撫江西時中官駐饒供御磁器邦問力言小民凋敝狀上感動輙止之後以刑部尚書致仕卒于家邦問雅性坦直恭安笑言其居雖逼城市而出入甚罕至士大夫以國典民隱造質輙響荅忘倦蓋身雖退而不忘經濟如此里人至今想其風采卒謚莊僖

陳鎬字宗之其先會稽人占籍南京欽天監成化丙午舉應天鄉試第一登進士授禮部主事歷山

東提學副使湖廣右布政使進右副都御史巡撫湖廣明年以病乞歸命未下而卒鎬明敏有吏幹董學時較閱精當得士心巡撫時平漢沔之盜民賴以安鎬與弟欽同科進士而皆有才名欽亦爲廣東提學副使

朱諲字元肅景泰間領鄉薦授麻城學訓歷應應天福建雲南聘主試事有故舊邀于途以私請諲曰幽有鬼神明有國法吾豈敢哉秩滿銓部重其學行特遷國子學錄卒于官

董豫字德和舉進士爲刑部主事以言事忤當路謫壽州同知遷知茶陵州益廉勁崢崢無所阿避其大者治嚚訟釐敝政改葺學宮擇師傳教其子弟時少保張治年弱冠尚未知書其父爲州胥豫見而奇之令就衙署中學且曰是子他日不在吾姪玘之下時玘已及第爲翰林矣其後張發軔一如豫言每爲縉紳言之服其藻鑑云

董復字德初成化中進士知黟縣爲民寬徭賦捍水患卹孤乏抑兼并奏最徵拜御史孝宗登極首

疏斥貴倖數十人直聲大震然以是爲用事者所擠出知雲南府其治一如縣時民咸德之復性坦直無他腸居官務盡職無顧避是以所至輒奮晚歸衣無紈綺屋數楹僅蔽風雨足跡罕入城市家居孝友日惟課諸子讀書故其子玘能振其業特恩存問贈翰林院學士賜祭葬

董玘字文玉弘治辛酉鄉試第二乙丑會試第一廷對第二授翰林編修以忤閹瑾出爲縣及還復昔以刑曹瑾誅還舊職其後轉徙翰林春坊中至

吏部左侍郎玘生而穎絕以神童稱四書五經俱有註疏改正區史爲文莊雅得西漢作者之體居鄉嚴重寡交郎大吏造廬罕覯其面建中峯書院于東山兩眺之間四方從游講學者甚衆號爲中峯先生卒贈禮部尚書謚文簡選日諭塟上虞大善隆祐山有中峯文集唐順之選

章忱字景恂成化間進士初令臨城累遷曲靖守所至有惠政民並肖像祀之忱天性孝友淡于榮利家居二十餘年城府罕入其自述有曰敢謂身

從顏氏樂直將心比伯彝清所著有臨城集克齋稿恍父珙有孝行鄉人稱之

陶諧字世芳諧之從兄也以例貢爲霸州牧遷當陽令持己峻潔一介無苟取兩境民並祠祀旋以疾乞致仕歸時莊敏既貴顯陶氏門第日盛諧獨恬然如寒素日事吟咏以自怡篤于行誼爲宗黨所敬信

陶諧字世和弘治中以鄉試第一人登進士用選入中秘已而改給事中武宗時諸奸擅政事多內

降諧駁抗疏請無所避逆瑾專恣尤甚權倖人主
諧奏斥之瑾怒曰伺諧無所得乃羅他事矯詔杖
諧與劉大夏潘蕃同戍肅州瑾誅放還嘉靖改元
詔采耆舊乃復起歷官兵部侍郎總督兩廣會苗
變諧盡心撫勦兩廣以平尋入本兵乞歸卒于家
贈兵部尚書謚莊敏
陶懌字習之幼穎悟日記數千言弘治初登進士
授刑部主事讞獄公恕然不爲勢撓戚里有殺人
者同列並寬之懌竟正其罪累遷福建僉事逆瑾

邀賂偉嘆曰不義富貴於我浮雲遂以廣東參議致政歸所著有克齋集

沈弘道字伯元正德間進士授刑部主事決獄稱平當憫囚久繫作囹圄賦讀者悲之武宗將南巡道上書抗止遂被譴迨世宗入繼大統首陳治道八事將柄用之會丁内艱去服闋進員外郎纔遷福建僉事卒于官家居時絕無私謁惟鄉邦利病所關則侃侃言之既議革平水閘抽分又議開上竈河有司獨加敬禮言無不從且又念其貧欲周

之乃令所擬炙大豪石某者能致道書則免炙豪憚道謀於道子伺道出陳豪所賂千金于几冀以動之道歸問所從來遽唾去豪竟杖炙其清操不愧屋漏如此生平好學耽述作所著有樵問洪範八十一廓太元論凭几論冲穆囊問其家不存云藏于舊主平湖陸氏

沈束字宗安嘉靖癸卯鄉試第一尋舉進士出理徽郡三年拜禮科給事中世宗末年嚴嵩父子專政諸所進退一以賄入爲低昂束觸事憤慨將列

其罪狀語稍漏會總兵周尚文卒請卹典嵩惡其素不附已寢之東抗疏言尚文忠勇素著國之長城其死也邊人無不灑泣而身後之典格而不議何以示勸且大臣當體國奉公奈何以愛憎爲予奪疏入嵩大怒條旨杖闕下幾死尋下詔獄幽禁之自東疏上後沈錦衣鍊趙御史錦徐刑部學詩先後論嵩時號越中四諫而嵩愈恨越人禁束愈固在獄凡十有八年艱危無狀唯兀坐玩周易著周易通解發爲詩歌悲壯悽惋令讀者裂眥酸鼻

會嚴氏敗而東父年八十有七其妻張乃伏闕上疏請以身代繫令夫得一見父以瞑凡三上乃得旨放歸歸則固有心疾且其意欲佯狂以避世時時對客作譫語然平居談道賦詩惺如也隆慶初詔起原官尋遷南通政皆不赴自是掃跡城市日以著述自娛家故貧有田十餘畝婦妾并日而食處之怡然居十餘年而卒妻張妾潘載貞婦傳

陶六年字長卿嘉靖辛丑進士授南兵部主事出守吉安陞山東海道修保甲法練卒千人爲勁兵

破賊楊施仁轉四川參議三殿災取材巴蜀使者相望大年渡河陪視採擇民困獲甦陞廣西副使平潮寇張璉詔賜金帛分坐嶺北復平三巢賊獲賞如前會災變察吏罷官公論冤之

董思近號約山以父玘日講勤勞補廕宗人府經歷適同邑沈束下獄思近抗疏救之幾不測華亭徐階爲玘所得士慨然曰吾師止一子何忍坐視其敗力爲營解得出知雲南尋甸府平定苗難有辟土功撫臣上其事爲嚴嵩所抑卒于官楊慎贈

詩云不是皤胸多磊落那知絕域有江山子祖慶

萬里扶柩歸事母以孝聞祀鄉賢

陶大臨字虞臣諧之孫也嘉靖丙辰廷對第二歷官翰林國子終吏部右侍郎卒于官贈禮部尚書諡文僖大臨貌不勝衣而識況守介屹然不可動搢隆慶壬申侍講讀于東宮及上踐祚充日講懇懇以正心窒欲敬天法祖為言自入仕輒以諮訪人才為急置二籍袖中黑白必書及為吏部叅決大計所汰留多得其當平生翼翼畏慎惟恐有失

而于取予尤嚴無論金帛即書畫名玩之遺必峻卻之泊然無所好也卒之日槖無贏金士論益賢之而惜其大用未究云

列傳後

陶承學號泗橋嘉靖丁未進士初仕中書擢南臺御史時仇鸞擅寵驕橫言者多被斥承學抗疏力詆之出知嶽州甫下車較士識許國爲廟廊器拔置第一嶽故多訟承學敏于決斷邑民裹糧就讞者朝至夕去嶽人號爲半升太守言食米半升兩

造郎寶成也報最轉九江副使會景藩就封泝[illegible]
夫萬餘于徵承學以山民不便水役捐俸僱值徵
民建祠尸祝名曰思仁歷官南禮部尚書立朝持
大體制度多所裁定致仕特恩存問歲給月俸後
疾卒予祭葬贈太子少保謚恭惠子五與齡舉人
望齡會元奭齡舉人祖齡國學生祖齡之子履阜
會魁孫輩列諸生者數十人咸謂恭惠之德懋焉
胡朝臣號敬所嘉靖丁未進士授工曹以忤嚴嵩
誣陷下獄嵩敗復原官終通政使沈鍊遭難賓客

多不至獨朝臣與承嘉尚寶張遜業常護視之卒以此得禍

范欖字子美嘉靖庚戌進士授工曹以廉謹稱當事者要致之不往轉徙在郎署間尋出知淮安值倭犯鹽城廟灣欖自將卒屯菊花溝以扞之時荒餘庫藏如洗諸軍給餉日千石欖恐不繼發銀往糴軍興給足卒破賊自受事不解帶者半歲衣潰汗表裏粘合肌如漆兵事罷而景藩役與諸郡括丁夫呼名甚棘欖以糧船水手及鳳陽協濟夫[illegible]

值應之而民不擾櫃又持會典請于撫院咨禮部奏減景藩供給省費鉅萬時藩擁重資羣盜謀劫之布黨起天津至鄱陽櫃以計捕賊首餘遂潰散無何議築玉帶城櫃不附上官議遂搜逵逋罪櫃罷職卒年八十有一著有洗心居格言觀史雅言首尾吟等集

陶大順號雲谷初名大壯舉順天鄉試第九北士大譁還補本籍廩生復以嘉靖戊午舉浙省春秋第一乙丑與長子允淳同舉進士有旌其門者曰

畿省兩舉經元父子同科進士授工曹以父老乞終養服除起補兵部郎當事者重其才一歲中更長三司又熟諳邊事條奏當旨遷大名兵備歷官副都御史巡撫廣西致仕大順沉練有決斷事至輒了律身嚴潔宦囊蕭然嘗謂諸子曰吾以清白貽爾勝贏金矣年七十四卒賜祭葬長子允淳官寶卿季子允嘉號蘭風以廩例入成均萬曆甲午試北闈房師薦元主司欲亞之房師執不聽曰吾不忍此生貶價後庚子癸卯己酉俱登副榜以例

貢授中都通判駐正陽正陽爲淮潁巨商孔道允嘉剔弊除奸商民安堵報最陞福建運副乞身歸里人稱其恬退允嘉博洽好書自子史天文地理星相醫卜奇門六壬靡不究解著有澤農吟集子崇道萬曆甲戌會魁給事中歷官布政

周應中號寧宇隆慶辛未進士聘陶奉旨歸娶初令元氏調繁真定鄰邊無城遣戍防秋歲費金錢應中以城真定爲請當事難之應中躬操畚鍤以先庶民不數月城工落成又疏滹沱河通水利教

民種稻北方水田自應中始邑患盜應中以保甲法清之會以事忤中貴馮保又書刺江陵奪情亦大恚當大計羣小誣以貪過吏部堂堂上大呼曰某官貪應中大聲應曰某官不貪眞定守徐曰委不貪第傲耳調崇陽均徭役嚴清丈勢家病之役未竣而轉崇府審理署印者亟索篆應中持勿與自持篆印戸由册册成名主者給之乃行至今民呼其田爲周公田庚辰大計復列不謹永錮應中視之蔑如也家居二十餘年起補曲周令累遷潞

安兵備故太宰王國光里居坐不法應中按以律其私人力擠之復論調叉家居七年起任荆南道荆南臨長江漕舟時覆溺應中酌爲帮運支墩之法官民便之楚藩搆亂殺趙巡撫聞應中至拱手就縛在荆南三年治尤最朝士有知應中者内擢光祿少卿而荆司理王三善以夙憾中傷復論調應中曰吾老矣不能事羣少年待辱也抗疏乞身得放歸里應中負經濟大才屢起屢蹶不究其用識者恨之林居三十年九十歲而卒

羅萬化號康洲隆慶戊辰廷對第一授修撰與修世宗實錄及會典諸書江陵柄國以萬化伉厲自遠每思招致託客周生通意萬化峻拒之其僕尤七私請記于萬化萬化怒曰吾爲天子侍從臣而爲僕人作記耶江陵又爲其子先期請試題萬化拂衣起曰吾晚裝兩篋明日出宣武門而謂我難去官乎江陵益恨之故久爲六品官不得調江陵敗始遷諭德充經筵講官陞南祭酒歷官禮部尚書時儲位未定有三王並封之命萬化率其佐詣

朝房陳說言甚剴切上疏言有嫡立嫡無嫡立長疏凡十上太倉王錫爵亦力爭之國本始定會推閣臣萬化名在枚卜或言中人須少用貨萬化嘆曰吾以寒士被遇至此於吾過矣此何官而可貨得乎又推冢宰而忌者不喜以是俱中罷萬化亦瘁病思母連疏乞歸至寶應卒賜祭葬贈太子少保謚文懿

范可奇字士頫文正一十九世孫萬曆甲戌進士授刑曹精法律大司寇嚴清重之出守黃州歲額輸

絹民以土不宜蠶率轉貿旁郡官解有桑可奇令家人試之與吳越同於是課民種桑笞杖之贖以所種多少爲差三年而桑陰蔽野爲蠶書以授之黃之有蠶自可奇始歲大祲和糴勸賑力行無救可奇徬徨輟食適漕舟至可奇喜曰吾得藉手起此溝中瘠矣故事漕于江者卽黃受代以達京師可奇以爲此去秋成三月莫若散之民間秋至而收之則滯漕舟不過三月耳請于大吏大吏難之可奇力爭願自執其咎始報可及期償運之外得

羨米數千石儲之備荒陞廣西副使備兵府江蛋戸猺獞[illegible]依險阻時出爲患道路梗塞可奇伐木開道[illegible]補卒乘自蒼梧至行省五百餘里蕩然罷鳴柝吠犬之驚北陀峒民搆亂羣議勦之可奇發单使往諭即受約束可奇毋深入菁蒙瘴嵐以底定反側故人服其威信積勞成疾方視事卒于公座祀名宦鄉賢仲子紹袁字次鐮萬曆戊午副榜選授鳳陽通判時逆璫竊政媚奄者建祠于臨淮紹袁署篆避之以行及掣鹽眞州紹袁無絲毫

之美壽卒于官降神于巫相傳爲開封城隍神同里陶夷齡以郴州羅池事比之祀名宦鄉賢季子紹序字幼欽萬曆丙辰進士授保定推官考選刑科給事中告假歸里病憤時事使家人至京上之疏侵逆璫有同年生遏之不聽上未幾卒祀保定名宦孫礽字祖生紹衷子順治丙戌舉于鄉授南康推官主白鹿洞書院修鹿洞廬山鵝湖三志著齊克鐔于二編陞廣信同知平九仙山寇人多其

十三郡冤獄尤善于平反

朱南英號雲岬萬曆丁丑進士初令奉新地瘠民貧南英多方勸課俗以饒裕盜賊衰息報最遷刑曹多所平反尋陞泉州知府郡多豪貴遇事蠭生南英摧任豪貴皆斂跡晋湖南道時有諫垣之給横行鄉里人咸切齒長吏不敢問南英下車即按其罪後致政家居竿牘不入公庭兄南雍號越岬隆慶戊辰進士給事中歷官通政並有聲績字畫爲世所珍

錢檟字仲美號岳陽武肅王後裔萬曆庚辰進士

自疏請爲學博得南昌日集諸生橫經課業上靡然向風壬午分校南都所錄盡知名士遷北雍助教故事科甲由雍遷多禮曹且速而楨迂迴五年遷工曹中官窟穴其中加以胥商爲蠹餌楨董大工精嚴稽覈不一染指司空曾見臺器重之以內艱歸廬居如禮厨舍蕭然毫不介意丁酉起池州守與民休息不事鞭笞又苦心調劑礦稅池人賴焉遷江西督學以正文體端士習爲本雖當道不少徇人服其公以外艱歸哀毀柴瘠遂以病告歸

臥不復起

胡琳字伯玉號璞完高曾祖父及琳四世皆進士而琳以中書舍人歷官僕卿世爲廉吏家無中人產脱粟布衣無異寒畯兼之寛仁渾厚爲世所推重云

王舜鼎號墨池萬曆戊戌進士授刑曹深明刑律取孫灊西律例中明袁了凡實邸刑書呂新吾獄政刑戒纂其要名宣慈錄時有給事曹學程當刑舜鼎力救得免尋調兵部郎覈軍伍册籍絶饋遺

未嘗私引一弁擢參政分巡川北會蜀亢旱捐公費贖鍰倣常平法以賑活饑民兩臺使者相倚重凡大議大役必咨决焉歲值大朝以署臬代覲舉卓異廷勞賜金遷陝西右布政又以方岳殊等遷京兆尹陞吏部左侍郎故事天曹卿貳率扃戶遠嫌惟舜鼎不事隱避而人亦信其無私少宰卑終日閲然大司空缺特旨拜之上飭法疏大畧言救時急着惟在敏情行法上嘉悅行之勞瘁竟卒于邸舍蕭然四壁榻前一敝簏書數卷無不嘆服其

清云詔遣官營葬賜謚恭簡
陸夢祖號瑞庭萬曆戊戌進士初令崇宜調繁丹
徒有惠政時有楊少宰養病金山候起居者冠蓋
塡江上丹徒與金山咫尺夢祖若弗聞及少宰入
都昌言曰狂瀾砥柱其唯陸某乎激勵廉恥非斯
人其誰與歸薦拜御史出按八閩特疏劾中貴高
係罪惡寘之法雖調護者甚力勿聽也歷官南京
兆時魏璫怙權驕橫毅然曰吾寧能結好奄豎苟
貪富貴乎遂解組歸享年九十卒

王以寧字楨甫號咸所萬曆戊戌進士令宜興縣多豪猾橫行鄉曲以寧下車捕其尤橫者斃之法一邑肅然若成國魏國臨淮侯等家多以賜田爲名隱漏正供以寧履畝清丈力請于上悉爲起科得溢米數千石減派合邑糧污下者得豁免民受其惠建崇文書院祀邑中先儒唐思彥周道通萬古齋與諸生講學課藝于其中士民始駸駸向化立社倉五所捐俸贖爲倡儲米萬石至今賴之循政甚多邑人尸祝不絕如桐鄉云遷侍御史巡按

粤東粤東兵餉取給于墟鎮埸市雜稅市豪[illegible]因緣爲奸腐艸昆蟲無不入課以寧具疏極言其害無名横征一切報罷及代有羨鍰數萬金以寧曰鉤金豈鬱林石乎遂知會制院留以備賑而不具疏奏聞懼貽後人累也督學留都最稱得人因母老四疏陳情不報竟解官歸值逆璫用事璘玉盈廷以寧曰松風之夢固自適也遂堅卧不出優游林下垂二十年超然塵垢之外士論高之

董祖慶字久所文簡公玘之孫思近之子也思近

謫知雲南府卒於官祖慶哀毀扶柩北歸事母盡
孝卒祀鄉賢生三子次懋策見儒林傳長懋史字
周翬性至孝兄弟析產互相推讓萬曆庚子舉于
鄉授鄞縣學諭獎引士類成名甚衆遷國學博例
轉部曹以不應主銓者所求外陞撫州同知三署
縣篆撫民多以貧富易婚致訟皆責令完姻風俗
頓改因有董外公之謠民有小兒誤刻印爲嬉爲
佐家所首告繫獄五十餘年力爲平反小兒出獄
時已髮白齒落矣乃祀懋史像于其家陞福建

同初江西爲逆璫建祠撫史堅持不可至閹譖下車卽疏積弊甦商困乃以前事罷歸已巳年卒季懋中號黃庭事親以孝聞敬二兄如嚴父登萬曆癸丑進士知武進有惠政校士多拔单寒出諸生劉光斗于獄遷寧國知府均徭役抑豪强士民立祠歷尚寶卿劾袁帥致仕教養兄子孫甚厚稱義董元儒號景越萬曆辛丑進士初令大名調繁濬縣報最拜御史疏黜墨吏嚴戢内官直聲大著巡按廣西百粤乂安再命督漕漕務肅清又命巡關

講求實用泰昌踐祚元儒以河南掌道鞫躬盡瘁陞僕卿冢宰趙南星器重其人薦陞廣西廵撫値歲歉盜賊蜂起多方撫輯封疆無恙而元儒以疾終矣例得䘏典瑞翼不可謂元儒與楊漣爲與援與左光斗爲庇護矯旨削奪時論惜之

徐如翰號檀燕萬曆辛丑進士授行人歷官工曹以宿望備兵寧武陞大同叅政時卜素稽貢如翰恩威茂著寬猛兼施七年之局結于一旦首輔方從哲檀權誤國黨禍方興如翰毅然越職陳權奸

誤國一疏幾罹不測左光斗救免遂解組歸旋起天津道屬郡河間魏璫之桑梓里也璫囑私人致殷勤且言能從我吾能使之一歲九遷如翰峻詞却之絕不與通值魏艮卿母喪歸肅寧諸大吏相期往弔如翰獨不往用是逆黨皆欲得而甘心焉梁夢環遂以首謀黐局誣劾大臣虎踞津門奸謀叵測特參削奪迨崇禎登極起平凉左參政時老猢猻羅汝成諸盜蹂躪平固如翰與大帥曹文詔督兵勦捕寇靡孑遺明通紀紀事本末載之甚詳

廷推都御史巡撫盧鳳淮揚以積勞致疾遂致政歸日與劉宗周陶奭齡爲講學友至若捐金解宗紳之訟恤孤焚孝廉之券其行事表表不可勝述所著有檀燕山集如翰上虞人婿於會稽董氏遂占居郡城世籍會稽子廷玠郡弟子員以薦舉授官從劉宗周講學甚見推許見義行傳

錢象坤號麟武萬曆辛丑進士考庶吉士授檢討時朝端黨禍初興象坤漠然孤立絕無依附以親老侍省十年中强半家居己酉册封周藩久而不

調安之若素輔臣葉向高深重之天啓改元象坤以耆舊特授經筵日講多所啓沃因不附璫遂以冠帶閒住崇禎踐祚起原官丙子十一月烽燧四起京城戒嚴象坤躬率將士勤勵堅守上微行知之甚喜遂于十二月特簡入閣辛未六月予告崇禎十三年病卒享年七十有二居官恬静有守中立不偏品望實足重云孫鳳蘭任刑曹

傳賓號徵初萬曆辛丑進士授豐城令將之官父戒之曰汝作吏毋失清白二字便是忠臣孝子及

抵豐氷蘗自矢凡羨餘罰鍰建義學貯義倉秋毫無所入又豐濱江江水湍急有牛灣塘者數壞禾稼及民廬舍屬清江在豐上流清以不病已不爲築而豐以非已地又不代爲築故頻遭水患賓獨捐俸代築躬自督率不避寒暑者歲餘緣塘種桑柏盤根固帶豐迄今無水患賓之力也豐人遂號爲傅公塘立祠祀焉時値稅璫爲虐外吏稍拂逆輒被逮豐民多捕魚爲生向未有稅璫遽私起稅千餘金民不堪命賓百計阻之遂爲璫所銜矯奏

幾逮繫御史溫純疏救得輕擬改調靑陽後陞禮曹以親老乞終養歸病卒于家

商周祚號等軒萬曆辛丑進士令邵武名拜給事時神宗厭薄言官考選命數年不下臺省員缺科臣止一二人兼攝數科周祚典繁理劇人服其才其在垣諸疏如淸塲弊駁內批减福府封田禁皇城內市議撤稅以賑饑民請發帑以固邊鄙皆有裨時政巡撫入閩海寇猖獗周祚設策蕩平閩人尸祝陞少司馬總督兩廣平大籐峽除建陽猺大

有戰功尋陞南大司馬以母年老請告歸養丁丑
起冢宰時蘇州司李周之夔以私怨訐奏婁東張
溥張采苛求復社幾茂起大獄周祚力持平乃得解
士林多之力請終養疏十二上得放歸里弟周初
崇禎戊辰進士爲商城令亦拜戸科給事中
姚應嘉號鏡初萬曆癸丑進士初任行人三列臺
班一按漕運親歷水道免數省僱船之煩一巡八
閩以淡漠風示下僚所推轂皆一時循吏一黜剔
京畿積案盡剔時魏崔播燄應嘉卓然自立[illegible]建

二疏一曰聖政綜覈方嚴羣工仰承未恪一曰招
權納賄者爲敗倫之由持門入戶者與冰山俱盡
疏入魏崔矯旨削奪不爲乜沮崇禎踐祚召還原
職不爲乜喜任太常典祀蠲潔任大理多所平反
應嘉自幼端重賦性耿介六經子史及周程張朱
性理諸書無不精究事親純孝居鄉二十載始終
如寒素有簡身靡及之懷享年九十有三羣推爲
三達尊艮不誣也弟會嘉萬曆辛丑進士亦拜御
史

孟應麟字文叔萬曆甲辰以明經授兗州別駕尋
命監軍授遼左署東阿壽張二縣篆時鄆城妖人
楊子雲等以白蓮社倡亂徐鴻儒乘勢據鄒嶧攻
兗州東阿壽張俱恃應麟爲保障阿素稱盜藪有
奸民煽亂立幟山中民驚擾應麟使人拔其幟禁
民無妄動至期果無恙有寡婦以妖術聚諸少年
應麟擒斬之餘黨無所問城賴以安應麟爲人廉
正不阿爲部所撼抗辭奉母歸里年八十有二而
卒長子稱堯天啓丁卯舉人次子稱舜以明經司

訓松陽皆以家學有名于時

謝啓延號丹水太傅後裔少負才受知紫溪蘇濬萬曆丙午舉于鄉秉鐸縉雲尋轉贛榆令邑煩劇難治啓延恩威並用如河道檄取民夫賦力請罷役差擾驛遞則奪繳郵符禁地方以旱魃爲災阻上官以私祠婿瑞一時稱爲强項令擢守莒父廉直勁正莒民德之祀名宦啓延以孝友文章擅名當世惜位不稱才未究其用

龔雲礽嘉靖丙辰進士芝之子萬曆己酉拔貢任

雲南黑鹽井提舉有惠政滇省雜蠻洞多梗化蒞茲任者征輸半缺祁下車撫循去鞭扑緩催科信賞必罰民鼓舞急公課悉完且得羨餘弗入私橐郎中祇來年正額民歡聲動地當事疏擢會有撓之者中止因解組歸大學士朱賡爲作循吏傳

馬維陛號芝裔萬曆巳未進士授東莞令縣濱海多盜令多因緣爲利有周四被邏卒誣指貽累多人罪擬辟維陛覆讞察其冤摘首舵者論城旦餘悉縱之又白鄰郡諸生寃民服其神明總制陳邦

貽素知其淸薦陞工部郎時三殿鳩工陞以董
濟事迨工成宮優敘而權璫義子某嚮之紬其[illegible]
止進一階補瑞州知府土瘠民嚚鎮以廉靜健訟
者皆化爲醇民郡多逋賦陞身儁參罰終不以催
科困民民咸謂守實生我云陞素羸多疾昕夕思
二親病增劇乞休不止民聚哭遮留巡撫解學龍
不聽其去民懽呼舁陞還不得已復視事東望泣
然曰吾幼是官矣迨父卒趨歸痛弗及含殮擗踊
哀毀益憊甚不可支遂不起

馬文正號隆南父華早歿文正年七歲每問母曰父以何病歿日因誤于醫耳遂泣下不止事母備極孝養承歡四十餘年上壽終文正以明經爲秭平令邑人素好鬭急則食斷腸艸文正至則命民間以艸根抵贖鍰民爭取之盡絕其種邑中遂無殢命之風尋以瘴病卒于官祀名宦

章懷德號印臺少叅稷峯之冢孫少有逸才游成均需選日久爲母老不仕侍養終身居家力田孝友爲鄉黨所推凡有爭競必來質平而里有敗行

必戒曰勿令章徵君知也生平不事奇嬴晰桑謀
野漸致素封兼性好施予多待以舉火者崇禎九
年廷臣應詔薦懷德有治郡材被徵先賜冠服乘
傳入對强官之固辭不就退老偁山劉宗周欽其
素行爲作墓銘
章正宸號格菴性端介淡名利天啓辛酉拔貢崇
禎庚午舉順天第四人辛未會試第四人授庶吉
士與馬世奇張溥等共相砥節溫體仁招之不往
憾之出爲禮垣旬日王應熊輔政內援中旨不由

枚卜正宸疏云用輔臣當知大體公忠矢國之士不宜專務操切夤緣比附之臣蘇洵辨奸誠非過計陽城裂麻實本愚忠下詔獄羣臣交救得釋會應熊事敗召還原職巳卯典試湖廣從廢卷中拔曹亂昌爲第一一時人文蔚起巡視蘇松諸郡飭務陳漕政八害二要陞吏垣時令羣臣各舉所知正宸疏舉得人皆素矢忠義艱危可恃壬午元日疏論閣臣種種讜言帝優容之臨平臺面呼爲鐵漢于一日左門召對責枚卜大事爾何把持强諍

詒同冢宰李日宣等俱下獄幾不測去相賀逢聖
疏救得遣戍襄陽甲申三月太常卿吳麟徵以長
垣陞任薦自代適闖賊變同左都劉宗周縗絰哭
武林尋丁艱廬墓期年祝髮雲遊不知所終
余增遠字謙貞號若水父幼美生子五一日命諸
子言所志各引一古人增遠舉司馬君實以對父
詰其故則曰以其平生所行無不可對人言耳父
爲色喜丁卯舉于鄉癸未成進士除寶應令會大
帥驕横鎭守淮南備諸郡縣行屬禮增遠不屈揖

冠歸在職僅十日當時無不感歎以比陶潛之去彭澤及兄煌殉節增遠遂隱迹稽山門外躬負耒耜種蔬自給所居敗屋數楹編荻蔽景常以皁布廣尺五寸冬夏蒙首衣皆重綻擁敝絮而寢所與游者率田野中人有山陰令某及備兵使者某先後求見皆不納最後屏騶從突入廬中不得已稱疾偃卧即莞簃間見之執手敘生平相慰勞問以他事即不答先是使者諗知增遠清貧將有束帛餔糜之獻比入見知其雅尚清譚移時不展所懷

而返令語增遠曰素知先生欲爲農夫以没齒耳徐應之曰農夫没齒豈易得哉令訝其言太過後數年吳中士大夫多罹禍者山陰令吳人撫時太息曰余先生眞聖人也没齒爲農夫固不易得矣增遠將卒語其子金體金和金繩曰吾二十有四載朝不斷夕夕不斷朝恆謂不克保先人之遺體今其免夫汝三子其勉旃友人私謚曰孝節先生

陶履卓字岸生號鍏菴承學孫崇禎壬午舉于南雍癸未以易經魁南宫稱易名家授行人奉詔安

撫粤東比繡衣使者讞死囚爲雪冤者數百人捐除夙逋以數萬計粤人擁道泣送搆祠立像其有功東粤至今思之乞終養父祖齡卒積憂悲痛事母王氏曲承意旨及母逝發聲盡哀流血數升肢體幾毀營葬畢遂遘疾將卒之日謂其子覲曰吾屢遭患難不死者以祖母在也今無憾矣所著有孝經解安雅堂集人子要言行文有矩法堅秀酷倣河東平日持身訓世一本孝友而城府洞徹且好施予陰德尤豐

章士奎號燦斗父維寧以艮鄉籍舉順天鄉試士
奎遂補艮鄉弟子員爲人好義倜儻不畏權勢時
魏璫亂政排陷正人士奎懷憤力爲營救不得乃
開煤窰傷其祖墓以兾禍璫璫恨之誣以開礦致
之死左都楊漣疏叅逆璫二十四大罪內云誣殺
章士奎此其一載明通紀
張焜芳號九山崇禎戊辰進士授南平令名拜戶
科給事中爲文震孟請䘏典疏薦黄道周陳子壯
惠世揚金光辰成勇才堪大用又疏叅横璫楊顯

名等罪惡群小嫉之借端鐫級歸與劉宗周講學于證人會時震孟郵典得請引薦者次第登用論劾者芟除殆盡起焜芳翰林抵濟遇變不屈而死

朱光熙字濬明文公後裔崇禎甲戌成進士令揭陽地產毒草愚民每自殺以相傾陷光熙出金錢購毒草盡入於官乃市桑麻之種於江浙間教以機杼始有布帛民乃樂業焉復禦海患立義塚賑災不俟申請全活者萬餘期滿補樂亭旋召入上手錄一聯寵賜品題甲申之變悲憤成疾而卒于道

皇清沈文奎字清遠世居曹娥村好讀書困于數奇丁卯客遊遼東值大兵破遵化挾之去以才遭際太宗皇帝右文選士裒然居首充秘書院纂修順治元年扈從入關特命巡撫畿南羣黎安堵二年總督漕務自矢冰蘗惟以裕國爲念且地當初定萑苻多伏莽文奎廓清綏輯民甚賴之文奎與母妻相隔十有八年至是始拜疏迎養五年擢弘文院學士己丑充會試總裁得人

最盛七年丁母艱八年復起漕督益修前政會有
膠州叛將海時行之變文奎率先會勦
朝廷嘉其績晉秩兵部尚書予廕偶值白糧愆期鐫
級以參政督理陝西糧儲勞瘁成疾具疏乞休准
回京調理遂不起入陝西名宦載通志享年五十
有七始以數奇終以殊遇古今未有也配陳氏年
十八歸文奎方六載而文奎即客遊遵化久之傳
聞以爲必死家益貧無所恃氏昆弟强之改適氏
截髮自誓有死無二奉姑勤苦夏無幃帳冬冬無複

孺日啜一粥去亦無幾茂文奉隨

駕入關自客遊至貴顯離鄉既久亦疑老母生妻萬

難復合不意重逢無恙母妻俱

恩封淑人人皆以娥江之靈多產異人云長子志道

太學生次子志仁襲牛彔三子志禮廕任刑部郎

中

顧大觀字君達本邑人徙居杭爲太學生不屑就

舉晚乃受子豹文御史封大觀生九歲輒通經傳

于史甫十二父恒宇卒于粤聞訃擗踴號慟即問

粵路何向若謂粵可一日匍匐至者竟以十二歲兒走萬里抵粵恒宇卒時以千金屬友人及大觀至友乾沒無所獲卒不與較扶柩以歸大庾天半瘴霧晝結從者舉困憊不能喘息大觀朝夕柩側哭不絕聲及歷十八灘過彭口經小孤颶風作舟幾覆同舟皆無人色大觀伏柩號天而颶忽止舟以濟舟中人皆額手曰吾輩幸免魚吻實賴此孝童乎是人咸目爲顧孝童年十六祖病疽潰血肉殷床褥閒大觀手拂拭不稍怠及歿號慟如喪父

時事母陳氏極瀡滫之養承顔色惟謹母年七十餘大觀亦五十夜歸雖醉必就榻下問起居取懷中果餌以進與弟友愛無間年各六十猶炊同釜一櫝貯出入錢穀簿籍無所私周恤姻族矜重然諾郡屢兵火子女有掠賣者躬贖之歸其家游成均時篤志典籍尤喜輿地諸書取天下阨塞險易户口豐耗兵制强弱及土田水利人物風俗皆了了心口間舉以訓其子曰學者當求有用豈可僅事呫嗶爲故次子御史豹文起家進士有風績爲

名臣諸弟子服習家教亦咸有古人風其室封孺人朱氏節儉區畫卒成其孝友之志大傅金之俊贊曰置大觀于孝友儒林傳未知誰堪伯仲者豈孺人于列女淑行傳亦未知誰相宛若也

俞有章字紀方號易庵其先上虞百官人五世祖移居郡城廣寧橋遂爲會稽人父一理宣府經歷早卒有章事繼母甚孝謹爲文清勁不事煩縟順治丙戌以錢塘弟子員舉于鄉乙未會試副榜以母老謁選授淮安府推官迎其母曰見可以淮水

供䕶水矣禁剔漕弊决滯獄以卓異陞禮部主事轉員外與定大典　母艱哀毀歸葬未幾卒

姜天樞字紫環宗伯逢元長子由餘姚家會稽補弟子員遊南雍兩試副榜乃以任子歷官都水郎中督理北河時亢旱河竭漕艘愆期天樞相度輝縣搠刀泉堪引濟漕急請總河按蘓門天樞躬自啟閘甫三板河流湧發重艘遂行由是議設分司一官專轄濟運而搠刀泉為衛輝一郡水田所賴當啟板時輝民大譁幾釀不測乃日不移晷流泉

如故衆始帖息歲饑發賑入戒之曰賑饑非職任越俎爲之毋爲人所嫉耶天樞曰不聞汲長孺會慮及此後以公事駐館驛適有權貴至天樞不少護因羅他事下於理天樞惟日與黄道周講讀不輟及訊無一指實釋歸以子希轍

世祖章皇帝簡擢科員會

覃恩封天樞禮科給事中所著有曉堂集年七十五將卒之夕猶作觀魚詩一章示弟廷幹云

會稽縣志卷第二十三終

會稽縣志卷第二十四

人物志三

理學　儒林

理學前史儒林傳府志曰理學

姚江之傳上接鄒魯則自漢而後理學之風獨盛於越也然自文成公而前會稽猶有傳人自文成公而後會稽猶有傳人至蕺山夫子設講席於邑中名其堂曰證人四方之士從而服其教者數十年迄今諸弟子守其規條猶以月朔三日相聚而

考業其中非有至德及人何以能此要其立教以誠意爲本始與良知之旨相發明云

元韓性字明善魏公琦八世孫高祖應冑始家于越性天資警敏七歲讀書數行俱下日記萬言九歲通小戴禮作大義操筆立就文意蒼古老宿驚異及長博綜羣書尤明性理之學四方學者輻輳其門延祐初以科舉取士學者多以文法爲請性語之曰今之貢舉悉本朱熹私議爲貢舉之文不知朱氏之學可乎四書六經千載不傳之學自程氏

至朱氏發明無餘藴矣顧力行何如爾有德者必
有言施之場屋直其末事豈有他法哉其指授不
爲甚高論而義理自融見人有一善必爲之延譽
及辨析是非則毅然不可犯出無輿馬僕御所過
負者息肩行者避道巷夫街叟至于童稚厮役咸
稱之曰韓先生韓先生云辟薦皆不就務自韜晦
縉紳大夫有事于越者必先造其廬得所論述即
以爲準繩天曆中門人李齊爲御史力舉其行義
而性已卒矣時年七十有六朝廷賜謚莊節先生

所著有禮記說四卷詩音釋一卷書辯疑一卷郡志八卷文集十二卷

明胡謐字廷慎景泰間鄉試第一登進士歷山西提學僉事第士等如列黑白士類頓興毀諸淫祠增祀陶唐羲氏和氏以下十餘人遷副使風采益振郡民李鐸聚衆爲亂計擒之調河南建大梁書院祀濂溪以下十人尋擢廣東參政而卒謐爲人頴敏嗜學動必師古歷官三十年室如懸磬怡然自若人稱爲眞儒其子恩亦舉進士登仕十五年兩

丁父母憂哀毁踰制終刑部主事孝友廉介克世其家

季本字明德少受春秋于其兄木遂以經名諸生中弱冠舉于鄉尋丁父母憂自是家居者十二年未嘗一日釋卷于書無所不讀每讀一書必竟其顛末乃已已而師事新建獲聞良知之旨乃悉悔其舊學而一意六經潛心體究久之旣浸溢懼學者騖于空虚則欲身挽其敝著書數百萬言大都精考索務實踐以究新建未發之緒歷仕與處從

游者數百人時講學者多以自然爲宗而厭拘檢因爲龍惕說以反之大都以龍喻心以龍之驚惕而主變化喻心之主宰常惺惺其要歸乎自然而用功則有所先間以質諸同志或然或否卒自信其說不爲動始以進士理建寧務在平反無成心及名爲御史以言事謫升沉者二十年止長沙守其爲政急大節畧小嫌絕不知有世情卒以是齟齬而歸歸二十餘年家徒四壁立借居禪林以著書談道爲樂卒之年七十有九矣疾且革猶進門

人于楊前講易孳孳如平居時其爲人表裏洞達無城府人人樂親之歿既十餘年而鄉人士益思慕不已相與建祠禹蹟寺西林顏曰景賢又買田若干畝以供祭祀所著書十一種廟制考義春秋私考讀禮疑圖四書私存孔孟圖譜樂律纂要律呂別書蓍法別傳說理會編詩說解頤學易四同凡百二十卷藏祠中曾孫墳以明經任大名同知文章政事具有可觀不愧祖風

陶望齡字周望號石簣宗伯承學第三子母董氏

夢雀喚于庭而生望齡萬曆癸酉以第二人舉于鄉己丑會試第一人廷對第三人授編修讀書秘館專致力于聖賢之學辛卯予告南還與弟奭齡終日論學寒暑弗輟甲午補原職預修國史撰開國功臣傳乙未分校禮闈得湯賓尹十有九人皆知名士亡何復請告返里與剡溪周汝登往來麈間每自指脣曰吾此中終未穩讀方山新論手足忭舞趨語奭齡曰吾從前真自生退屈矣戊申丁父艱服闋奉母北上補中允撰制誥陞侍講典試

留京得王納諫後爲名臣俄而妖書事起詞連一
二大寮內廷震怒勢不可測望齡力言之當事者
乃得解初黃平倩歸時握手語曰子爲嚆矢吾亦
從此逝矣至是歸志益切乃杜門乞骸骨報聞不
允望齡曰吾小臣而見留此殊恩吾不可不仰體
君心然業已許吾友矣奈何疏再上乃得請朞年
復起國子監祭酒望齡力謝乃以新銜在籍戊申
母病憂勞成疾相繼而卒居者室歎行者道悲僉
曰某公且死吾輩無與爲善矣望齡服膺文成之

教常稱曰文成躬挺上智頓獲本心其施于用也皆日用飲食之常著明深切之教也古今道統更數千歲而天乃以濂洛還孔顏姚江還伊周非妄說也其大指具勳賢記及聖學宗傳序中所著有制草歇菴集望齡一生淡漠寡慾王之亂繼弟奭齡子履平爲嗣望齡訃聞督學陳大綬即檄崇祀贊宮併陪祀文成之廟又祀諸虎林書院給事周宗建疏請建祠于山陰之筆飛坊稱其清眞恬淡不受滋垢學派接王文成歸獨契錢德洪宜與兵部

許孚遠一體予諡諡曰文簡而爭學之謚恭未上
適在一詔中亦稱盛事
陶奭齡字君奭號石梁承學第四子生而近道持
身制行不規而圓不矩而方爲文學日卽主張正
學周汝登遺之書曰頫丈出而振作此會爲後來
作前導爲吾道計無窮又與望齡及奭齡書曰陽
明書院之會望二丈儼然臨之越中一脉難令斷
絕居平惟讀書靜坐非正論格言不發也兄弟自
相師友唱和一堂學者稱爲二陶萬曆癸卯舉于

鄉授吳寧學博俗甚澆作正俗訓上臺使行之風爲之易遷肇慶推官辨誣盜釋冤獄人頌爲神明左轄陸問禮以大計索無狀吏奭齡曰南陽實無必欲則無如職者且說人短長以媚人奭齡不爲也又預識陳拱之敗措置戰舸謹守要害海寇得平晉濟寧守奭齡曰陶子面孔尚堪執手板引郵官津奔走車馬舳艫之前乎馳歸不起作聖訓六條解名宗人訓之與劉宗周講學陽明祠及古小學石簣祠曰證人會宗周赴名奭齡致書曰願先

生安其身而後動易其心而後語俾天下實受其福若夫矜名節如鵰鶚橫秋使人望而畏之此小臣之所爲務非大臣事也宗周憮然曰此眞積人之言也奭齡又曰文成一艮字專對考亭而發吾輩但可言致知門人王朝栻秦弘祐徐廷玠等輯爲語錄歲丙子詔京朝官各舉所知或薦奭齡劉宗周謂陶某非守令才重則正席成均輕則加銜六館庶可展其所學與王業浩金蘭合辭移吏部已而寢不行將歿之夕猶講衛風一章端然而逝

劉宗周卒門人哭之私謚曰文覺所著有遷改格
喃喃錄今是堂集子履肇孫景旦世傳家學
劉宗周字啓東號念臺山陰人父坡號秦臺蚤卒
母章氏年二十七在娠五月而生宗周生而端肅
及長即以聖賢自期萬曆丁酉以會稽諸生舉于
鄉辛丑成進士榜發之日母卒于家聞訃號慟奔
歸以母節聞當事詔建坊萬安里師事許孚遠首
致力于存天理遏人慾甲申除行人司行人以祖
焞年邁疏乞終養侍祖疾四浹旬不交睫居喪日

邦君大夫不得望見顏色部使過之匿勿見而四方來學者甚衆旋以過哀致疾邑令趙士諤造寢所見幃帳百結敝衾敗絮心佩服焉服除起原官奉命封益藩上宗藩六議時顧憲成高攀龍講學東林書院羣小力爲誣謗宗周疏陳本末究言學術流弊不報南臺孫光裕攻之以病免歸居家弟子日益進講學不輟御史韓浚以按浙時就見不納劾比少正卯而歸予顧劉廷元繼之欲置之死時趙士諤入爲考功郎爲白冢宰乃免熹宗即位

陞禮曹逆璫魏忠賢用事宗周蒞任九日首劾忠賢與客氏朋比亂政忠賢大怒矯旨廷杖葉向高救之未幾陞光祿丞復擢尚寶卿尋轉僕卿一歲三遷固辭不許再疏移疾乃以太僕予告明年陞左通政時忠賢盡逐諸君子宗周又疏劾忠賢大逆不法忠賢恨之詔斥譴籍爲編民追奪誥命歸家一意講學靜坐讀書頓見浩然氣象知作聖必由慎獨直揭慎獨爲心要時傳述文震孟姚希孟及宗周獄且具會京師有王恭廠之變又值吳門

士民擊殺緹騎以此得免崇禎登極詔復原官給還誥命陞京兆尹上疏請重事權要以久任謁文廟大會師儒示以聖賢爲學之要延三老嗇夫咨地方疾苦發奸吏乾沒置之法又捕勲貴家人豪横不法及舞文犯禁者按治如律頒布文公四禮俾鄉鄙服習遇中貴犂園什具責而焚之輦轂一清又上疏撤煤米諸稅發內帑賑饑民躬自慰勞遵化逃歸之人有以遷都動上者宗周頓足曰乘輿動社稷危矣乃詣皇極門叩頭請面陳扶服終

日上傳旨報罷乃出又疏糾周延儒溫體仁傾側事上之罪下詔切責將解任捐羡餘置學田二百畝以給諸生凡三乞骸骨始得告出都門所擕止兩篚中貴人見而駭曰眞清官也居家大集同志會講首闡人人可爲聖人之旨以證人名堂同主會者爲陶奭齡重建古小學祀尹和靖明伊洛主敬之學明年枚卜閣臣召宗周馳傳入京疏辭不允抵京召見上謂閣臣曰如劉宗周眞可寄大政爲人所阻不果用授工部侍郎上書乞休得請會

昌平之變焚皇陵宗周上疏言禍敗之由咎在輔
仁上怒斥爲庶人辛巳起少宰晋左都抵京名對
問職掌事宜宗周曰都御史之職在于正己以正
百僚使大臣法小臣廉紀綱肅憲度一則民生安
而天下化成矣遂手定憲綱以示諸御史無何熊
開元姜埰之獄起宗周入朝昌言其事聲徹殿陛
上震怒詔奪官歸郡之天樂鄉蘇溪水通江潮爲
患捐貲築茅山閘與三江閘爲表裏甲申闖賊陷
都城門人告變宗周跣而號曰諸生斬我頭以謝

先帝遂荷戈出抵會城諸生及子洵從之泣告撫
軍責以誓死勤王撫軍難之稽遲時日宗周慟哭
曰此吾致命時也門人曰先生欲死此非死所遂
起謁家廟出居郭外舟中叩頭曰臣已老不能報
國願以一死明臣義遂投河中舟人掖之而起進
鳳林辭祖墓自此勺水不入口唫絕命詞曰留此
旬日死少存匡濟意決此一朝死了我平生事慷
慨與從容何難亦何易門人張應鰲在側勉之曰
學問未成全賴諸子六月丙戌命家人扶起幅巾

蓑衣北向卧以示不忘君也越二月奄絶粒者三十日勺水不入口者旬有三日初殯于鳳林以補廬墓三年遷于下蔣與淑人章氏合葬焉宗周之學以誠意爲主以靜坐主敬爲下手處折衷諸儒以上接孔孟所著有讀易圖說易衍古易抄証學雜解儀禮經傳考次古學經古小學通紀古小學集記聖學宗要合璧聯珠明道統錄陽明傳信錄方正學錄選人譜人譜雜記金鑑錄保民訓要鄉約小相編憲綱規條大學參疑鄉賢考文集年譜

皆原本性命闡明聖學有關世道人心爲宇內道
學之宗子汋字伯繩補父㢘自幼謙謹言動不苟
及父殉節治喪畢隱居剡溪之秀峯後遇警歸坐
蕺山小樓杜門謝客編輯遺書寒暑不徹終身茹
茶服素鄉黨咸稱爲肖子

儒林　前史文苑傳　府志曰儒林

古云盲者口能言黑白而無以別之儒者口能言治亂而無以行之若是乎儒之不尚乎文而會稽之文人則指不勝屈人曰佳山水之所鍾然欲如蜀之司馬相如楊雄王褒以至蘇氏父子數百年不可得何不相及哉人又曰蜀之所產或數代而一人會稽所產或一代數十人非不相及也

唐康子元開元初詔舉能治易老莊者張說以聞累擢秘書少監兼集賢侍講學士元宗東之泰山說

引子元等商裁封禪儀及還徙宗正少卿以疾授秘書監致仕

徐浩字季海擢明經有文辭爲集賢校理張說見浩五色鳥賦歎曰後來之英也肅宗朝授中書舍人詔令誥策皆出其手遣辭贍速而書法至精帝嘉之又參太上皇誥册寵絶一時授兼尚書右丞浩建言故事有司斷獄必刑部審覆自李林甫楊國忠當國專作威福令有司就宰相府斷事尚書以下未省即署乖愼卹意請如故事便詔可進部

公卒年八十贈太子少師謚曰定

嚴維字正文爲秘書郎大暦中與鄭槩裴冕徐嶷王綱等宴其園宅聯句賦詩世傳浙東唱和維有詩一卷藏秘府

宋錢易字希白先世臨安人自其父吳越王倧爲大將胡進思所廢始居會稽而立其弟俶歸朝羣從悉補官易與兄昆獨不見録遂刻志讀書年十七舉進士以文藻知名太宗嘗與蘇易簡論唐世文人嘆時無李白易簡曰錢進士爲歌詩殆不下白

太宗驚喜曰誠然吾當自布衣名置翰林再舉進士歷太常博士直集賢院上祀汾陽幸亳州命修車駕所過圖經獻宋雅一篇累官翰林學士而卒易才學敏贍文數千百言立就大字行草皆善子彥遠明逸皆以賢良方正應詔昆亦能詩善草隸舉淳化中進士歷十州治尚寬簡累官右諫議大夫以秘書監老于家宋興以來父子兄弟登制策科者錢氏一門而已

齊唐字祖之唐觀察使澣之後少貧苦學得書輒

手錄之過誦不忘郡從事魏庭堅聞士也謂唐曰今士多不讀書唐曰幸公任意以几上書令唐一誦之如何庭堅以一帙開示乃文選頭陀寺記而唐誦不遺一字庭堅大驚服登天聖八年進士嘗進龍韜豹畧賦兩應制科對策皆第一當路忌其切直復排去之後爲南雄州僉判會交趾進麒麟唐據史傳非之衆服其博物以職方員外郎致仕初鑑湖東北有山巋然與禹陵相望最爲山水奇絶處唐命其山曰小微而卜築焉所著有學苑精

英少微集各三十卷

唐默字存中博極羣書文詞高古陸農師列爲上客尤愛其詩如詠山居云茅屋不聞雪紙窗空讀書著云山林誤探鎗旗信却怪枝頭雪未消禱雨云下車應有隨車喜遙見枝頭少女風送高應彥云莫似君家三十五來時不寄一行書

華鎮字安仁登進士官至朝奉大夫鎮博古工詩文名冠一時嘗輯會稽覽古詩幾百餘篇山川人物自虞夏至于宋苟可傳者皆序而詠歌之歷按

史策旁攷傳記以及稗官瑣語之所載咸見採摭傳崧卿稱其詞格清麗寄興深婉足以垂觀來者

華初平鎮之子登進士爲太常博士討論典故據經攷古初無阿附靖康初爭金人會號貽怒當塗及徽欽北去竟憂憤卒

吳孜嘗從胡安定學名聞嘉祐治平閒會郡謀建學孜即捨宅爲基今學中祀孜祠存焉初學成太守張伯玉至以便服坐堂上孜鳴鼓行學規伯玉欣然受其罰王十朋題其祠云右軍宅化空王寺

秘監家爲羽士宮惟有先生舊池館春風長在杏壇中

元夏泰亨字叔通九歲能屬文領鄉薦歷官翰林編修以文雄東南所著有詩經音考矩軒文集

明錢宰字子予幼好學淹貫墳典弱冠有文名至正間以進士歸隱一時俊彥如唐之淳韓宜可輩皆出其門明太祖首以明經徵令撰功臣誥命兼進祀歷代帝王樂章授國子監助教轉博士仍校書翰林一日上命作金陵形勝論大稱旨後思歸因

口占一絶于朝房曰四鼓鼕鼕起着衣五更朝罷
尚憂遲何時得遂田園樂睡到人間飯熟時上知
其去志已决遂允其請宰嘗病近代新聲繁猥刻
意古調擬漢魏而下諸作有歸安集行世
范璀字廷潤少從新建學卓然以古聖賢自期晩
歲所造益深家貧無旦夕儲嘯咏自若人莫能測
嘗謂人曰天下有至寶得而玩之可以忘貧作古
詩二十章歷敘道統及太極之説以自見幼孤事
母盡孝平居無戲言步趨不越尺寸里中人無老

幼皆以范聖人呼之與人煦煦無倨容士大夫咸樂從之遊然或以粟帛周之堅郤勿受也年八十餘將屬纊猶戒其子曰我死寧薄歛毋妄受人賻以汚我其平生廉潔如此有司屢表其閭尋詭于

校

胡純字惟一少從新建學天性孝友家貧無書每假抄以誦晝夜不輟自弱冠即爲塾師賴其資以奉親終其身其爲人終日齋坐不妄言笑不苟受動止必飭其教人必率以規矩歌詩習禮不徒事

章句諸弟子旦夕供使令至種藝滌滌皆欣欣任之不辭師弟子之間庶幾復見古道以故出其門者多知名士所著有雙溪稿詩禮抄洒洲志崇安志迨卒郡守洪珠高其行題其碣曰明逸士胡純墓

施鈞字則天博學能文作詩得唐人體有飲水餘味集

馬堯相字伯彝嘉靖癸卯鄉貢授金溪令縣無城堯相創建之民賴其利罷政歸終日讀書不與外

事行年九十餘未嘗廢吟誦會稽舊無志堯相手艸之與樂會令金階共相攷訂書未鐫太史張元忭得之屬徐渭編摩會稽之志人知成于渭而廣蒐輯使舊事不致湮廢堯相階與有力焉

徐渭字文長號天池甫髫年穎異過人及補弟子員縉紳或以其駘蕩鮮契合者喜作古文詞觸筆而成會浙督少保胡宗憲以長至日獲白鹿於寧波定海間期以表進渭爲繕艸雅而確世宗覽之大悅眷隆少保而少保始重渭由是聲望籍籍矣

少保居督府體嚴峻諸將吏望之懾息渭一以賓
體自重戴敝冠衣澣布縱談天下事督府以其知
兵延之幕中計設間諜誘致汪徐諸寇瀕海得安
每出幕狂飲雖夜深必啟戟門以待久而彌重及
督府下請室渭感知己鬱鬱得狂疾嘗以錐刺耳
入數寸後擊殺所續妻入獄法當死太史張元忭
救解竟出獄遂恣遊天下山川酒酣耳熱輒爲狂
歌旁若無人而意愈豪文愈放自京邸歸鍵戶不
見一人獨挾一犬與居絕穀食者十稔或詰之曰

吾食穀久偶棄去耳庸何傷嗣是貧滋甚多作詩文書畫鬻以自給棲儆椽藉藳而寢視世無足當意者十年內僅於張元忭家出一哭其他絶跡焉年七十三卒渭貌修偉音如鶴唳中夜嘯呼群鶴應之讀書有深思自謂得力於莊列子及素問參同契世亦謂其能貫穿經史融以巳意同郡陶望齡云文有矩度詩尤深奥往往精於法而畧於貌楚袁宏道則曰胸中一段不可磨滅之氣皆英雄失路投足無門之悲故其詩如嗔如笑如水鳴峽

如鍾鼎上如寡婦之夜哭如羈人之寒起當其放意平疇千里偶爾幽峭鬼語孤墳此可謂確評矣嘗自語吾書第一詩二文三畫四識者許之纂會稽邑志雖得之邑人馬堯相而特爲編摩加以列傳今與其所著並傳所著有文長集闕編櫻桃館集註莊子内篇參同契黃帝素問郭璞葬書四聲猿逸稿四書解首楞嚴經解與董懋策合評李長吉詩

董懋策字揆仲文簡玘之曾孫得家學真傳精於

易理學者稱焉曰鑄先生設帳於蕺山之陽受徒講業四方從遊者歲踰數百人學舍不足皆僦屋而居其月旦總課必糊名易書列以等第時人比之白鹿書院遊成均大司成馮夢禎奇之待以國士與雲間張以誠齊名兄懋史弟懋中皆相繼登第而策獨不售太史陶望齡致書曰望齡倖成是雍齒且侯也兄何慮焉亾幾病卒其友提學副使張汝霖爲之私謚置祠因作疏曰嗚呼吾友擬仲於癸丑正月之二十六日卒於正寢其弟子凡三

百數十人相與啟手足而哭之盡哀既而出泣相持而語曰存不願豐沒無求贍此吾夫子所爲全而歸者也若乃表其遺行宣其隱貞夫非吾弟子邪僉曰願惟力是視以光夫子於是奔號四境觀者愴然乃相蒐之嶺謀置祠焉曰此吾夫子所聲鐸章教之地也相嵩峯之陽謀置塚焉封樹期必親曰此吾夫子所手定之壤也既向余哭而謀私謚之曰知管者唯鮑非子邪誰當謚夫子者余哭失聲曰吾撡仲勁姿外卓慧心內朗生邵闕而彌

恭歷困場而能泰千秋經術一代人師居恒恂如以退自命而談經綸事注若懸河累擊踰鑫百往不折嗚呼便効用當世其必侃侃能風裁者矣而僅乃嶽嶽一經惜哉按謚法寬和令終曰靖執一不遷曰介宜私謚曰靖介先生衆又哭相拜而置旌焉嗚呼孔北海屣履造邑請爲康成特立一鄉曰鄭公鄉侯芭負土爲其師楊雄作墳號曰元冢孔子之墓樹數百皆異種人傳其弟子各持其國樹種之心揆仲兼致焉難矣嗚呼鄭鄉崒兀楊塚規恢

參差孔樹實實枚枚生不饗榮而沒有餘哀非昔
吾友孰得之哉其著述甚富惟大易康頭私錄大
學中庸講意二書其侄暹負笈集行世藝林寶之
章穎字南洲生而英偉長而攻苦肆力于經術爲
易名家越中以易顯制科者多出其門而周應中
陶望齡爲最著後先相從者千餘人而徐文貞申
文定皆爭延以課其子穎性嗜酒每講授畢輒飲
飲輒醉然飲中唯高談古昔稱經史及當世人物
一段剛腸正氣得之天授當其發揚蹈厲一往而

前能令千人辟易雖王公晉楚莫能禦之故嘗自言曰使予得志楊忠愍事業不足多也又曰吾平生嫉惡太嚴然人有片長輒誦不啻口晚年家居族有游手傳塞治歌而鬪詈者必匿避之即不及避其人必負荆來歸悔罪乃去俗幾一變仲子爲漢舉于鄉爲名邑宰女配劉坡宗周其外孫也宗周嘗病目經史皆穎口授及宗周舉于鄉穎猶以少年登第爲不幸宗周贊曰師道之重于世久矣語曰師道立而善人多先生早傳謝循齋易學擁

臯譚易數十年淵源所漸多成名士宗周不足道

周光禄陶司成皆卓然樹立爲世重輕先生造就

人才之功乃在世道矣

陳治安字鏡清萬曆丙午舉于鄉生而孝友天資

穎悟讀書曉大義不屑屑章句爲事選授新化令

一以古法治民清若止水未幾以母憂歸詩六首

題寒溪寺壁譚元春見之極賞嘆對人嘖嘖不止

詩甚清遠越畦徑之外所著古文詞近歐柳其南

華本義尤見卓識以經史爲性命頂童齒落持卷

矻矻不少休足罕入城市與陶奭齡董懋中徐如翰葦爲曹山八老每遇登臨則吟嘯忘倦一旦無疾而逝

董用時字公權號闕川居東府坊爲山陰諸生陶望齡見其少時文曰此君家文若長文要當秣燕刷秦不日千里王思任爲之傳曰公有獨至之行處衆見寡在言見默孔居禹步不改恒度事祖如嚴君不敢以謦欬犯父遺一敝袍衣之三十年不忍釋母疾與配尉氏抱衾侍寢抑搔摩熨藥鑪鼎

無一間不須臾離也甘貧攻苦書田之外一無所嗜
訓子之言曰趙清獻以告天自質司馬君實以告
人自信以生平無違心之事也吾嘗師之又曰謹
身節財以養父母他日服官臨民自然不苟未復
贊曰明德之旨闡于盱江吾猶及見之以余觀嚴
川先生口不言學而尊力行不取虛悟教先于妻
子絕不為私利不待昌其後而所得已大是明明
德者不媿也後子期生舉崇禎癸酉鄉試歷官淮
安知府瑞生才而隱逸孫艮槙順治戊戌進士艮

補康熙丙午武舉皆其德所致云所著有四書發明及左氏國語檀弓國策評鈔諸子評鈔綱目評鈔門人私謚曰清成先生

姚允莊字泰履萬曆癸卯舉于鄉令沅江多惠政陞六安守秩滿當權辭職歸俸囊不及中人角巾野服翩然自得與劉宗周陶奭齡爲講學友允莊以年長居首坐甲申聞變憂憤病卒劉宗周爲文祭之其畧曰吾黨之待先生而興起者豈其微哉而今乃有以知先生矣先生語不落言詮故無與

提之病行不依轍迹故無倚傍之途不求信于人而人自信一稟其天懷之曠然以自得君子以爲近于聖人之誠也而道在是矣今先生已不我待悵老成之日逝彌切典型之思撫絳帳之虛懸尤洒同人之淚其生平德行爲世所推重如此

陶履平字水若號曙齋奭齡子繼望齡爲後少時即從父講學陽明書院闡明性道長而好學博通群籍游南雍望齡門下士爭先饋遺皆堅辭不受有欲爲其鄉舉地者慨然曰文章自有眞遇合奚

可強也遂不與試而歸絕意進取專精著書增補字彙註解五經考訂詩餘慕白居易之爲人故其詩近之而古風尤勝年七十餘手編先人遺稿未嘗釋卷病革之日手書一絕遺其子曰操觚當此際微喘不留餘遙想趙無恤三年讀父書遂卒聞者泣相爲曰失我典型

陸曾羣字章之夢斗曾孫少失父及壯有室冬夜必侍母寢不少離遇兄弟甚友愛喜讀書肘着處案爲之穿背誦史記自首卷至終篇不失一字常

示門人曰對人始檢身必不能檢身開卷始讀書必不能讀書握管始作文必不能作文歲饑疫作爲集醫療視沒則殮瘞之其爲文句字皆鑪冶而出顧甚自惜少不當意輒毀非所欲必固拒將歿之前十日命子出所纂文排雙炬爇鄰坐而自別其句字又摘去五文焚之其所存者有詩學內傳三十二卷外傳二十卷編春秋所見所聞所傳聞三卷集史自盤古氏迄明曰簡要錄彙諸史考定綱目曰綱目參同尤精于字學博採諸家作字原

晚更留意象緯作闚天錄凡所手鈔書計丈有五尺所譔古文詩賦成編共十卷

馬權奇字巽倩幼負奇氣受易董中峯玘曾孫懋策門下事母極孝辛未成進士授工部主事司琉璃廠與閹宦相抵捂爲所中後事白得釋家素貧復不能事家人產業惟飲酒讀書手丹鉛不輟國變避兵死于田間所著有易經解詩經誌麟經誌老子解名臣言行錄諸書

謝士敬字德輿郡同知啟廷季子生而穎異讀書

一目十行九齡即偏讀五經子史啟廷不許其蹤
進十七始出應試督學洪承疇首拔冠場隨任莒
父有登瞥御史謝三賓以徵餉嚇啟廷士敬私上
書反覆萬餘言洞晰利害御史見之驚曰有子如
此天下才也遂與啟廷定交後父喪雞骨支牀人
稱至孝有舊雨齋集數十卷藏于家
章重字爰發敦睦孝友以文章名世素爲陶望齡
劉宗周所器重崇禎丁丑成進士授福安令多善
政創龜湖書院以勵學者撫按交章薦調福清以

病卒于官

王紹美字子輿少英俊每試輒冠多士聚徒講授嘗曰聖賢語言當下可以領會何須向人牙後另覓古人生面耶崇禎癸酉舉于鄉庚辰成進士授肇慶府推官不事刑威不爲表暴而出寃獄卻廠羨論者謂有投杯棄硯之風其生平仁孝視兄弟友朋如一身迨去官後家無留物至不能具棺殮云

會稽縣志卷第二十四終

會稽縣志卷第二十五

人物志四

忠節　孝義

忠節

今夫以赴湯火冒白刃之事語人曰爾爲之則善不爲則下愚不肖而不得齒於人必無有聽之者忽一人赴之衆必相顧而駭將救之若再一人赴之且冒之則顧者異於前若數人爭赴之且爭冒之則人或知身命之有不必甚惜而義有所甚重

也是以忠烈成於性者也苟其鄉有純忠奇節之臣大彰其義斯非一人事矣

宋張宇發字叔光舉進士靖康初爲都官員外郎金人再犯闕詭執和議要大臣宣諭兩河上以命聶昌耿南仲皆辭惟陳過庭請行于是宇發爲副拜徽猷待制兩人銜命金人中變鑾駕北征遂被縶迄數年聲聞阻絕後洪皓還自金言宇發歿于雲中見其櫬旅寄荒寺攜至燕山授僕人徐禹功使葬焉因再疏請褒贈秦檜沮之檜死皓子遵復請

詔贈左朝請大夫職賜如故官其子孫焉
唐琦本衛士建炎間高宗航海琦病留越州李鄴以城降金人琶八守之琦袖石伏道旁伺其出擊之不中被執琶八詰之琦曰欲碎爾首死爲趙氏鬼耳琶八曰使人人如此趙氏豈至是哉又問曰李鄴爲帥尚以城降汝何人敢爾琦曰鄴爲臣不忠吾恨不得手刃之尚何言斯人爲乃顧鄴曰我月給才石五斗米不肯背其主爾享國厚恩乃若此豈復齒人類哉詬罵不少屈琶八趣殺之至死

不絕口事聞詔爲立廟賜名旌忠

唐震字景實少居鄉介然不苟交有言其過者輒喜既登第有權貴者擬牒薦之以示震震納之篋中既又干震以事震手還其牒封題如故其人大愧咸淳中由大理司直判臨安府是時潛說友尹京倚賈似道驕蹇亂政震每矯正之時江東大旱擢知信州震奏減綱運米蠲其租賦令坊置一吏籍其戶口勸富人分粟使坊吏主給之所活無算州有民傭童牧牛童逸而牧舍火其父訟傭者殺

其子投火中民不勝掠自誣服震視牘疑之密物色得童名父詰示之獄遂直擢江西提刑過闕陛辭賈似道以類田屬震震謝不能行至部又以疏力爭之趙氏有守阡僧甚暴橫震遣吏捕治似道以書營救震卒按以法似道怒使侍御史陳堅劾去之咸淳十年起震饒州時興國南康江州諸郡皆已附元兵畧饒震發州民城守上書求援不報元遣使說降通判萬道同勸從之震叱曰我偷生負國耶立斬元使堅守不下明年春元軍大至城

中食且盡都提舉鄧益宵遁震盡出官錢募人出戰莫有應者城遂潰元兵入執震署降震奮罵曰我恨力寡不能盡殺爾賊乃降爾耶遂與其兄椿及家人俱遇害張世傑復饒州判官郎宗節求震屍以葬贈華文閣待制謚文介立廟賜額褒忠官其二子

元裘廷舉居雲門至正末兵亂與姪近忠團結其鄉斬木爲鹿角置寨駐日嶺內設强弩聚民守之敵至屢爲所傷後夾攻之遂破近忠遇害廷舉妻子

皆被執

明　謝澤字時用上虞人贅會稽余貴張氏因家實美村永樂戊戌進士授刑部主事歷郎中在職推立法意愼持不刻同列服其詳雅會戶部侍郎周忱經畧東南運賦薦澤爲己副居淮浙數年勞績茂著出爲廣西右叅政佐柳侯招撫全活者以萬計當是時澤與甄完胡智皆以藩憲有聲人稱越中三良云正統十四年邊方戒嚴朝廷擇才望守要害貴臣有受命者巧爲規避而澤以九載考績待

除闕下遂拜澤通政使提督居庸白洋等關是時
駕巳北狩京師軍伍空虛澤單騎以往其子某送
之出境執其手與之訣曰吾必以死報國矣既抵關
士卒方散亂又不知通政爲何官無一人出迎者
澤乃宣勅旨集將士將士乃稍稍至然皆㥘怯不
振頃之敵大入吏卒皆散走獨澤猶率羸卒殿山
口且拒且却或請移他關姑避其鋒可無虞澤曰
吾受國厚恩三十年此豈偷生日耶會風起沙塵
漲天人馬不能辨遂得却走入關南佛寺中門急

猝不暇閉敵突至澤端立厲聲叱之遂遇害其僮曰由吉者抱澤尸匿亂尸中始得歸朝廷嘉其忠詔賜葬祭錄用其子儼大理評事曾孫元順正德丁丑進士終工部郎中

沈鍊字純甫生平慷慨有大志復雄于文下筆輒萬言嘉靖戊戌進士知溧陽治大畧倣敵覇論大豪抵死因再抗臺使其屬尉贓墨錮之尉又自經鍊遂三徙終不少變爲令久不得調時相知其才稍移錦衣幕會邊事集廷議鍊昌言敵入由相嵩

父子廷訴之已而復上書數其罪詔杖鍊徙置保安時鎮臣匿敗以捷聞得賞方宴會諸寮稱賀鍊以詩大書遺之云殺生獻馘古來無解道功成萬骨枯白艸黃沙風雨夜冤魂多少覓頭顱鎮臣大銜之已又刻木爲秦檜日令人捶射作射虎行籌邊賦譏刺時事無虛日而邊人慕鍊忠義多附之者鍊乃招流亾倡城守爲禦邊計敵聞鍊兵輙相戒勿近於是鎮臣與相嵩搆鍊將爲亂鍊遂被刑弃戍其子襄隆慶初詔贈鍊光祿少卿錄其子襄

襄讓其弟且上書訟父冤鎮臣坐死越五年臺使令有司祠祀之錄所著書悉亡于逮時今僅存青霞集

陸夢龍號景鄴萬曆庚戌進士授刑曹挺擊事起少司冦張問達問處法夢龍曰斬張差數寺人法止矣竟以此結案陞九江道川貴總督蔡復一以其才俾監黔師調偏沅至貴陽總督委點軍淸黔兵虛冐可萬人賊犯普定巡方檄議事命渡河探賊發總兵黃鉞兵三千人俱曉行霧作詗者言賊

甚衆夢龍登蔣義塞小山顧從人曰日將高霧薄賊見我虛實則危矣命鉞率兵擊賊無應者乃麾部將王偉王簿吳家相等八人舁鉞帳下郭千斤林汝弘共擊賊賊將奔夢龍率僕二人及胥一人大喊馳下家相曰賊易殺請益兵夢龍復登山揮刀砍士使前衆乃拔寨起賊大奔潰丙寅三山苗叛思州告急夢龍率兵抵思州問太守胡楠曰聞君設獅子哨去賊巢幾里曰二十里夢龍即策馬行夜至哨語哨長向騰龍曰速搗巢騰龍大驚且

泣且止夢龍手令旗授中軍吳家相曰將士不進者砍之家相請飯而行夢龍曰破賊會食一軍慴然夢龍攀鞍上馬過買角山山峻險左右皆叢篁徑不容尺與若劫灰馬陷繼以步夢龍攀援而上家相請暫止不聽從家相入賊巢奪苗兵鼓亂撾呼曰陸監軍大兵至矣賊亂奔死者亾算家相火其巢上功督府奉旨紀錄丁卯入粵閩諸司糾監軍建魏璫祠夢龍不肯與伴中風而歸庚午起兗東道署篆東平以奇兵襲殺巨盜陳善等兗西平

亾何調陝西固原道賊自豫入秦以甲戌五月犯固原七月入静寧州夢龍督師堵截賊遁去至八月犯隆德非夢龍所轄地聞報怒曰賊敢若此乎引兵疾赴知賊營老虎潭僅千人夢龍檄别將賀奇勳石崇德爲犄角身率三百人窺老虎潭及至而賊已三四萬矣夢龍欲趨高自固待所檄兵而賊伏發矢雨下有卒大呼且走夢龍立斬之命發炮炮焠自擊賊乘勝蝟集圍數重賀石二將突圍戰疲夢龍大呼手刃數賊馳賊圍不得出遂遇害

時崇禎七年閏八月朔也越三日得遺骸于戰所面中刀一髮際中刀四頸中矢一右臂中矢二鏃俱入骨雨洗血淨貌如生疏聞贈太僕寺卿子廕給祭葬

陳孔教號魯生萬曆壬子鄉試第二謁選得南雍學正累陞川南道方莅任獻賊破會城孔教督所部奮勇堵禦力竭被擒罵賊不絕口而歿先是以一匕首授其配孔曰賊勢急我此行不利必殺身報主爾爲命婦謹藏此器有變即自刎毋爲賊污

孔坐臥佩之孔教殉難計至子以衡紿毋南竄匿不以聞踰年孔氏偶詣以衡書室見兵憲周夢尹顧請孔教盡節應䘏一疏讀畢哀號頓地駡以衡汝父死已二載我尚偷生不肖子使我無顔見汝父地下即引孔教所遺匕首斷喉自盡死後數日猶凜凜如生當道旌其一門節烈

金應元號堯門萬曆辛酉舉順天鄉試任太湖令爲人賓宜居官循循守法愛民如子崇禎九年流寇至縣縣土城不能守應元公服坐堂上不屈死

事聞贈光祿寺丞蔭一子孫兆嘉九歲同死

倪元璐字玉汝其先上虞人移居會稽遂爲會稽人生而穎敏年十六舉于鄉天啟壬戌成進士考庶吉士時魏璫竊柄元璐介然獨立崇禎登極元璐奏辯東林請焚二朝要典及劾楊維垣三疏天下傳誦丁卯典試江右辛未分校南宮弁主武闈以命題譏切時事幾不測晉日講官兼侍讀學士陳致虛致實十六策天子粘屏省覽禮眷甚隆將大拜忮者嫉以枲制劾去壬午八月賊氛熾詔起

元璐爲右司馬元璐冒險出濟北達京師即日召見元璐條奏勦撫情形上嘉納之時陳演謀居首揆慮用元璐因進曰天下不治由兵農不合使倪元璐爲司農馮元飈爲司馬事蔑不濟上然之即以元璐爲戶部尚書兼翰林學士與馮元飈分部治事元璐固辭不許因名至中左門謂曰朕知卿久矣勉爲朕任勞無固遜不得已受命因上三做策一實做一大做一正做上歎曰卿眞有學問之言時郡邑殘破額解不時至元璐曉夜持籌夜分

不𥛖酌里道以給兵食終元璐在部士無怨者然是時左支右絀秉軸諸臣謂詞臣不任錢穀勸上輟元璐還講幄甲申二月上御經筵元璐講生財大道上疑諷已乃詰曰今邊餉匱竭生衆爲疾作何理會元璐徐曰皇上聖明不妨經權互用臣儒生止知因民之情藏富于國耳上不懌元璐不引謝翌日上謂輔臣曰從來經筵有問難而無詰責昨偶爾朕之過也賊將犯闕有勸上東宫循宋康王故事元璐阻之又有請以六十金募死士破圍

名勤王師亦以爲無及乃止三月十九日聞賊踰
城乃束帶向北闕拜南謝母南面受繯題案云南
都尚可爲死吾分也慎勿棺衾以誌吾痛遂經死
賊至見陳尸于堂嘆息而去禁兵毋犯櫬歸
皇清順治八年立祠京師遣官致祭仍賜地七十畝春
秋永祀弟元瓚字獻汝素著孝友律身嚴毅不汲
汲于進飭子姓不得聞戶外事以地方人材薦辟
堅臥不起值旱蝗民饑甚元瓚罄貲捐賑學宮圮
元瓚鬻產得四百金爲倡公私慨助庠序煥然睍

理學深究濂洛之旨杜門靜攝人以二難稱之

余煌號武貞自幼有大志舉止端重金堂王開陽一見器之曰此兒他日必大魁天下因以女之子韓妻之性喜讀書無事即稽古博覽羣集廿一史逐一丹鉛半字不苟嘗曰昔程明道看史不蹉過一字吾輩讀書必細心鑽研方有得處天啓乙丑廷對第一授修撰崇禎辛未丁母艱哀毀盡孝事父嚴敬晨昏唯諾未嘗以貴故失人子禮丁丑名

入轉左春坊時連歲旱饑悉礪積逋而有司帶徵
如故煌在經筵極言其事遂命侍御史一員巡行
申飭民間歡呼稱便又疏正文體禁闈試用諸子
語由是士風丕變彬彬多通經術者戊寅以省覲
歸譚及時政輒慷慨流涕不能已三江閘爲越城
咽喉民所恃以生者歲久傾圮長吏以工費浩繁
咸坐視嗟嘆煌創議修復記載水利志山陰天鄉
田瀕于大江自昔潮水爲患耕種不時煌又力任
其事建閘猫山之麓横截江流啓閉有法始變潟

鹵爲沃土居民德之立祠閘上國變後自沉于湊
東橋下郡人祀之橋左
章尚絅號闇然幼失怙恃事祖以孝聞讓產建祠
酌定祭儀宗族賴之以國學生歷官秦藩左長史
晉階中憲大夫更三王册立大典一出裁請崇禎
癸未李賊陷城尚絅自縊于秦藩端禮門崇禎十
七年臺臣霍達科臣章正宸疏聞奉旨贈按察司
副使予廕賜祭葬建祠康熙三年陝西巡撫賈漢
復纂入全秦通志祀名宦

姚士鎮號玉衡居家篤于孝友而博學有大志以成均任楚藩左長史時宗室驕恣流冦縱横藩憂之名諸臣熟籌士鎮慷慨條奏藩嘉納之按策舉行以故宗室知有檢束冦雖數警境内寧輯有寧當烈風莫值姚公之謡事聞優旨嘉奬無何楚藩第三子盤利王薨無嫡嗣有不當立者賂士鎮十萬金議晉階三級求爲後士鎮不受執議彌堅因而召飲置毒諸醫不治謂非原置毒人不解士鎮不問惟語右長史曰厚資崇階人誰不欲然欺朝

廷得汚名孰若守義死官遺清白于子孫也語曰

遂卒王思任贊曰枱之不來麾之不去社稷之臣

公庶幾焉

馬驄字昆白由萬曆戊午武舉三科中式初任通

州守備歷陞登州參將崇禎間寇亂攻登城驄鍊

兵力拒彌月食盡援師不至驄潰圍出血戰被創

者十有六縛之要降不屈死兵退之日值盛暑而

色如生有司殮之眷屬死者殆盡事聞賜祭一壇

廕一子錦衣衞小旗

章贊化號素完由吏員授四川江油縣尉縣治無城崇禎十六年流寇將至縣尹入山以避贊化官服坐縣堂家僮迫之使去贊化按劍欲刃其僕曰我奉朝命守土何得擅離賊鄉道至俱縣民素服贊化清正不忍害勸去不從賊大至脇降贊化不屈至浮橋躍水而死至今立廟歲祀

王毓蓍字元趾郡庠生素以節義自命聞變遺書劉宗周曰願先生早自決毋爲王炎午所弔遂服衣冠赴柳橋下端坐而死有絕命詞郡人祀之獲

東橋左

潘集字子翔讀書有氣節聞王毓蓍死爲文哭之遂投渡東橋河下死祀于橋左董瑒畋葬集于謝墅官山麓并其本生母合葬焉置祭田一畝九分嗣子名思忠

周卜年字定夫儒士赴水死祀渡東橋左

高岱號白浦瀝海所軍衛胄子幼孤兄承海早逝岱以舘穀奉母并贍嫂及姪孝友聞遠近兼有文望崇禎庚午舉順天鄉試甲申聞變岱家居驚號

呼二子澄朗訣曰予世受國恩愧無以報當以死殉輿櫬中堂絕食待斃二子侍側少進泉水疑水內雜以參弁絕不飲旬餘竟成其志與劉宗周同時殉節子朗字子亮邑庠生拜父前曰大人教子何爲國家養士何爲朗願隨父以殉兄澄爭之曰予長子當隨父弟次子當養母朗應聲曰殉父易養母難遂疾走沉僊江漁舟獲屍面目如生與父附祀于渡東橋左

葉汝蒀字衡生崇禎庚午舉人聞變與妻王氏同

赴水死

傳曰烱字中黄號紫滑邑弟子員生平慷慨負奇節國變時縗經辭祖廟作致命詞二首赴水死次日危坐石上衣冠整如從弟商霖字天賚聞烱死歎曰後之哉奈何堅以餓殉十餘日水漿不入口而逝有絕命歌一章

章有功素知兵由將材任雲南都司從朱燮元征安邦彥積功至都督守紅邊十餘年苗民傾服王事勤勞患病子告卒賜祭葬廕紹興衛世襲指揮

使

清章德英任神木縣典史值寇亂奮不顧身殉城死

順治九年賜祭一壇

孝義

自有書契以來所聞孝子無幾人將毋外此盡不孝子乎曰不然天下無不孝子也邑之內必無之苟有其人必不容於天下惡乎容於邑如是而志孝子必盡一邑之人據戶口之版而志之矣何也慮外此皆謂不孝子矣若不可據戶口之版而志之也則志其孝而當其變者與孝之稱於人而有徵應可指示者至於義行廣其類也

唐丁典家近荒野野火延燒與盧母老病倉卒不及

扶抱乃溼衣覆母身灸母全

宋裘仲容可瑄之孫事母至孝慶曆中母病亟仲容刲股肉事母弟仲莊亦將刲之聞兄巳進乃止母食之病輒愈時有祥雲覆其家人以爲誠孝所感

蔡定字元應家世貧寒父華依獄吏傭書以資定定得遊鄉校業進士頗有聲後獄吏坐舞文華連坐時年七十餘法當免繫鞫胥削華年籍議罪與獄吏等案具府奏上之方待命于朝定痛父非辜陷犴狴誓以身贖數詣府號愬請代弗許請劾命

于行間弗許請隷五符爲兵又弗許定知父終不可贖仰而呼曰天乎使定坐視父死乎父老且備書罪固宜釋而無所告愬使父果受刑定何以生爲乃預爲志銘其墓又爲愬牒置懷中陳其所以死者冀免父刑罪趨府橋河自投死太守翟汝文聞之亟命出其父且給貲以葬之紹興三年太守王綯上其事立廟祀焉賜額曰愍孝

鄭鼎之字從革事親至孝建炎初金人入越士女悉奔竄鼎之獨衣冠侍父湯藥不去賊至斥曰衆

皆逃遯避我汝敢獨留不畏死耶鼎之曰豈不畏死顧老父年七十餘病且革不能負與俱逃若棄父逃生心尤不忍死雖痛乎奈獨父何言與淚俱賊爲感泣舍去且戒其黨勿更入孝子閭以是父子俱免于難

元虞所字敬叔生九月失怙少知力學與人不妄交性至孝母徐嫠居老患風痺日夜奉養惟謹每坐牀下候顏色自爲藥劑飲食以進如是者七年母忘其有疾也部使者巡行至郡輒造其廬訪治道

嚮昝曲中郡守秦不華尤禮重之後徵爲會稽人
諭辭不就
明
邵廉字思廉幼孤甫六七歲即有遠志能自立已而領鄉薦授貴溪教諭迎母就養洪水驟至邑人溺死者以萬計廉倉卒抱母方呼天忽有小舟若約而赴者廉僅舷母水駛舟箭往與母相失者兩日而復會母于東山下人謂廉孝感所致
宋昧古者宋家店民也亦能詩當建文帝遜位時昧古毎于夜深疊卓從星月下北向以祭祭已且

慟哭如是者月餘爲讐家所告遂逮捕其子其請代味古乃得釋人謂忠臣孝子萃于一門云

婁可道性孝謹父坐巫祝罪當死可道赴有司請代竟絞死五雲門外

車份字與宜以進士知玉山歷慶遠守所至有惠政至今誦之其母嫠居份每之官必奉母與偕及知慶遠以道遠不能偕往遂棄官歸養其孝足稱云

朱泰邑庠生甘貧力學母病痿不能起泰與妻吳

日飯麤糲布褐常不完而母之服饌極軟好母悅頗羸吳常數受箠撻已輒起進飲食婉婉如初秦歿無後或勸吳他適輒號踊欲絕卒奉姑至歿辛苦備至聞者爲之墮淚陶文僖大臨重其孝節爲白于官捐已俸刱祠祀之已而詔旌其門

馬彥清字天澤賦性孝友母張氏手績撫孤彥清偕兄彥通弟彥邦朝夕敬養旣而兄以謫籍補戍遼左弟彥邦充萬石長因督徵過迫被侊家摭懟闕廷緹騎赴浙逮彥邦彥清憫弟未有子恐大傷

母心乘弟繫獄詭託弟名投布政司械送金陵試適秋糧二升寘重辟彥清東向泣拜以不得侍老母爲痛郡守湯紹恩手書表揚孝友旌之

陶師汲字述夫性孝友好義嘗刲股救父不效或聞而譽之愕曰奚有是輒泫然流涕善事母弟爲新昌掾母往視之病劇卧廨中汲聞馳往奉侍不懈面垢形槁新昌令聞而禮焉嘆曰世乃有事繼母如陶君者乎以邑弟子入國學晚授新會丞邑苦旱師汲誠禱乃雨囚數十人反獄中賴師汲以

定盤曰訊罪創謀者三人而已居七歲致仕歸嘗以父母早世不及祿養遂以宦囊分給諸弟
鈕育號雙橋彊祿失母父娶後妻生子父亦隨歿後母暱愛己子窘辱萬端育跪受鞭撻毫無慍色如是者三十年母後悔悟以育爲眞孝子及疾且革乃執育手曰吾以弟累汝勿以吾歿而薄弟育且泣且拜曰謹受教母歿後育以勤穡家稍裕厚其弟勝母在時衣食與共置田宅亦必平分終其身弗背母訓子如英喜覽山川名勝又好讀書雖

間關跋涉手不釋卷攜資貿易利近三倍歸家即
付其兄毫無所私順治己亥爲鄉介賓

夏千東關人饒膂力負奇節獨事父婉順以孝聞
東關居水窟生不識虎村民朝牧叱牛虎忽起叢
艸衆驚噪虎逸入千園中父出見攫時千方飯吐
哺急走手持竹筋連築虎頭且築且詈曰畜不識
吾父耶何敢乃爾虎爪其面不爲動築愈急虎舍
以去千負父歸腸出內而紉之禱于庭曰千孝願
偕生否願偕死父創甚猝不得善藥因攬庭中苦

莽嚼傳之痛稍止俄羣獵過其門趨詢治虎傷之藥獵者入視之曰唏此即是也和酒飲之令各沾醉數日則愈事聞議旌胥索賄千不屑語人曰奈何行錢買孝子也事遂寢曾孫湛然在仙釋傳

姚士鍔字芝興棘卿應嘉之子父以忤璫致禍士鍔代父繫獄妻范氏死不得一歸訣後父以耄耋家居愉色婉容定省無缺士鍔雖年踰耆艾其飲膳醫藥必躬必親蓋依依孺慕五十年如一日也每郡伯按使至必旌其廬

陳大向字安期性誠篤克盡孝道母性卞急常順旨曲從奉事惟謹妻偶以細事拂姑意大向即遣歸不復見人謂孝衰于妻子而大向獨不然

何愛龍號省南九歲而孤母諸氏年二十三歲矢志守節常至斷炊顧兒泣曰吾甘餓奈爾何愛龍對曰兒雖幼力能贍母即每日出外同羣兒捕水族以供饘粥出必盈筐稍長頗敏聽鄰師教書輒能記憶爲鄰兒屬對必工確出奇鄰師喜之私爲啓廸以是日則耕耨夜則讀書及壯練達入都門

爲工部所正尋轉王府長史誥贈諸爲孺人愛龍天性篤孝朝夕依依不離母側饑飽寒暄先意承志稍不悅則率妻孥環跪請罪必伺色笑乃起母歿愛慕如孺子愛龍年八十而卒其幼子天章甫八歲時同父兄避亂武林一日忽念其母在家遂從族人歸以伴其母父病爲父嘗糞刲股救之父歿廬墓三年人稱孝子之後復生孝子也

倪紹先字述之四歲喪父嫡母胡生母沈食貧苦守紹先稍長嫡母又逝擗踊號呼嘔血撲地已而

生母沈患心疾紹先多方療治弗效有方士至門云此疾須木心石乃痊然不易得也紹先日夜遍覓適鄰人有伐沙樸者守之聞鋸中有聲紹先默禱果得一石如彈丸取以飲母母疾果瘥人以方昔之丁公藤云

魏大登字叔穀時父得危疾家貧甚罄所有以延醫弗能療大登刲股以進父夢啖以七桃遂愈後七年父病復危禱于斸雞塲之神請以身代夢神言爾父弗能生矣父卒哀毀骨立事後母一如事

父母患目盲以舌舐之經旬母目復光因精醫理云

傅列張字元素篤摯好學行誼文章爲世所推父賓早世事母極孝辛酉秋攜二弟赴省試其母忽患病甚篤家人以闈事未竣不使聞知母恐不獲見乃引指自嚙曰大兒必能自覺是時二場方出列張忽心顫異常乃謂二弟曰家中必有大故星夜馳歸母果卧病一見悲慟不逾時而逝時人比之曾參嚙指後隱居著述甚富以壽終

章訥年九歲母張氏卒每慟即絕遂不火食唯啖闇果數枚恒以五爲率三年服闋大慟而絕父兄强之始進飲食終日茹素哀毀無喜笑容世稱奇孝享年七十有五後人祭必有果稱爲神仙孝子又爲五果老人

董朝憲性至孝羨殷救父值火災負　母陸氏踰樓獲免咸聞空中有速救孝子之語弟暹登武進士季弟昊憲爲邑弟子員文行並著陸氏青年矢節皓首全貞郡守張公三與嘉其節孝以扁旌之

宋裘尚晉義熙中自婺女徙居雲門世勤耕桑孝[illegible]
諭越五代至宋踰六百年無異爨大中祥符四年
州縣以聞詔旌其門蠲其課調是時裘氏義居已
十九世矣其族長曰承詢（或曰可喧）至嘉泰初又五六
世蓋二十四五世矣猶如故聚族日繁嘗有饋瓜
者族長集小兒十三歲以下百餘令自取各相推
遜以長幼持去其習爲廉遜如此至和中李待制
兌有詩云夫何於會稽卓然有裘氏同居六百年
相聚三千指昔賢欽義方列奏聞天子恩詔表閭

門光華暎梓里

王英孫字才翁博通經史歷官將作監簿辭歸值越中大饑發私廩以賑全活甚衆道上有棄孩輒收恤之又喜延致四方賢士日以賦詠爲樂若謝翱鄭樸翁林景熙唐珏輩皆慕其義與之友所著有脩竹集

唐珏字玉潛家貧聚徒授經以養其母歲戊寅總江南浮圖楊璉眞伽發宋諸陵攫其寶玉珏聞之不勝痛憤亟貨家貲及執券行貸得百餘金乃具

酒邀里中少年與飲酒且酣少年起請曰君儒者若是將何爲珏慘然具以告衆謝曰諾一少年曰事露奈何珏曰余固籌之矣要當易以他骨乃具木櫝絹囊各署其表曰某陵某陵分委散遣收骸瘞蘭亭山中樹冬青樹其上以識越七日髡賊下令裒陵骨雜置牛馬枯骸中築一搭壓之名曰鎮南杭民悲惋不忍仰視了不知陵骨之猶存也未幾髡賊被誅珏事乃稍稍傳播義聲震吳越云詳見攢陵下

元邵文澤至正末盜起率義兵保護鄉井有功拜昆

山州判官

明陶仕成諸之四世祖當正統間以富民供大璫阮

某其後阮奢卒被命入意不測密召仕成以私積

六千金托之仕成持歸投井中居數年阮竟死仕

成出井中金走白守吳某守曰金無知者爾物也

盍取諸仕成固謝會饑悉散以賑鄉人以是稱陶

長者後數十年卒有韭斂而陶氏簪纓相繼人以

爲皆仕成所種云

陶澤字宗清好學勵行嗜吟咏興至揮染詞翰華
美兄弟友愛更讓資産姊姒撫其孤擇婿厚嫁其
女有閭百戶者以告身質錢沒不能償召其子歸
之嘗題所居曰兒孫心上影天道暗中燈曰吾子
孫當有顯者晚病喑久之忽强起肯首作呼召狀
子孫縣集手畫積善二字于左掌遂卒子性慥憘
孫譜官兵部左侍郎

王舜卿字良佐其先廬之巢縣人有名保者遊會
稽樂之因家焉保子用嘗以將漕航海活敗舟之

垂歿者數十人子三季曰仁舜卿其孫也端慤有至行以儉勤致饒時有所賑貸不責償而且性善忍雖受侮亦不較里亡賴毒其幼女幸歿以搆俄一老父至撫之即活有盜斬其丘木有司捕繫抵法舜卿更爲祈免曰欲其悔過耳毋重苦之有盜其錢粟者則曰好持往作家毋妄用其寬仁率如此卒年八十有五祭酒陶望齡爲作墓誌銘載其佚事云有賣薪者棘刺敗舜卿新衣舜卿好語之更飲之酒夕而薪者歿諸少年知其事謀爲訟妻

謝曰吾夫感佩王長者慚愧入地而可訟乎

柴楠號繼橋修身積行事繼母以孝待昆從必友煮粥活人收骸澤骨受知交數千金還付其子萬曆丁巳巡按胡繼升旌曰心事光白日行已懸清波郡守張魯唯以八邑首善旌

淩雲鵠號敬泉幼喜讀書長而習醫治傷寒甚精貧不能藥者捨與之貧甚者且給錢米家不甚裕而性樂施終其身無難色壯年喪妻不更娶并不近女色子元鼎天啟甲子舉于鄉

蔣弘濟自暨陽移住會稽少機警好爲詩文慷慨任俠有友陳某以過誤罹重罪弘濟破產出之山陰令徐貞明知其賢疏言弘濟才堪董涿鹿水田上可之弘濟募農人籍名授田俾種穫三年後輸賦佃人雲集田功告成萬曆間詞臣孫鑛薦從戚繼光征關白抵高麗日巳暮土官宴迎弘濟白光以我兵方到可出不意襲之卽啣枚疾馳自城下囊土以上賊大駭奔潰遁去凱旋軍中酒筵尚未散捷聞名見賞賚有差受命撫邊邊人呼爲蔣父

後罷歸行李蕭然避雪止路舍聞哭甚哀乃逋宦債而鬻妻者弘濟以所乘裘馬代償之素不事生計卒之日子一玖方髫室壁立長學醫亦好施予有足多者

蔡國齡字長卿愍孝公後裔以明經入太學選授鉛山丞每夜焚膏讀書爲邑令所重一日天雨明誦漢書至黃霸龔勝傳撫几嘆曰爲吏不當如是乎三年擢婺川令婺川邊徼地苗民錯處國齡興利除害勸課農桑苗民感化弦誦之聲相聞余賊

叛逆欺婺川踞其地圍之三匝國齡率民堅守有謀内應者擒斬以徇賊驚燒營遁去一城以全遷莒州倅一如治婺川時後以病免太僕胡琳與之爲友亟稱不置

陶允高字叔明三歲而孤事母至孝年十九究心性命之學終日危坐小樓流覽子史不妄交一人家無中人産喜施捨周人之急古書舊器傾囊購之叔不能嫁女允高出内奩與之無吝色姊適沈沈故宦裔而窶甚允高分所有餉之訓教其子

生平無疾言遽色與人交退損自居人皆以有道
太丘目之精魯公蘇柳書法然矜慎不傳子秉禮
官兵曹贈承德郎
石桂字南陽公揆十四世孫世居新昌因八世祖
尚珉以賢良方正爲山陰訓導贅居會稽之東桑
村遂入會稽籍桂生而博學嗜古湛沉有識萬曆
間游成均授鴻臚序班禮度雍雅品節詳明爲一
時名賢所推重于美中性至孝倜儻有大志授例
授溧陽丞遷海州判清白自矢以催科行撫字民

咸德之奉使至玉山有攫其篋金者爲胥吏所獲其母若妻哀號終夜幾不欲生美中善語之竟寢其事轉益籓典實正告終養舞綵之餘芸編課子故其子之貞舉順治辛卯順天鄉試凡地方利弊必籲當事舉行卽東北海塘一帶屢受潮患民不安命之貞力爲築塘防護碑記載海塘下更建宗祠捨義塚人咸曰石氏之世德至今不替云

石懋字蒼渠性聰頴記誦輒過目不忘氣節自命鄉曲有不平者咸取衷于其一言歲饑罄所儲賑

給無德容建義塾教弟姪之力不能讀書者宗族賴之子八孫十三俱擅名譽其子顯玉佩玉孫應星皆授職樞員秉郵政自著有家訓類編

王鑑號後山世居月池坊自幼以孝悌著聞長而篤行勤學動必以禮且好施予罄囊賑饑饑者忘爲饑歲邑令上聞旌曰揚善長孫瘟危鑑入市買羊祈禳甫出門而氣垂絶鑑未之知也未至市途遇遺金思此必係急難所失候至晚得其人而還焉失者問姓名竟不答而歸家之瘟危者已置之

地復礱祿歸床無不驚異以爲善報之速其陰德之不傳者更多享年八十有七以禮部儒士冠帶終焉郡守以榮壽顏其堂錢櫃爲之立傳子孫世享遐齡

張賢臣號思溪其先余貫人後徙居東府坊少孤而貧事母篤孝年三十始娶客遊京邸逐什一致千金慨然曰吾其歸矣歸而以經書教其孫性喜施捨汲汲賑濟爲事修禹陵御道者二修婁公七眼橋之塘者三凡橋梁道路之闕礙行役者悉築

砌之山陰西北有湖曰狭猺直濶十里許舟過遇巨風輒覆賢臣築石塘其中石費工費六千兩有奇七閱歲而落成舟行登塘舉繂舟無覆者享年八十有四諸村人思之祠祀于後社村水神廟之右歲時致祭民頌其蹟比之馬湯二公子二孫五曾孫十餘以忠厚世其家云

孟大綬字浩予性孝謹刲股愈母疾又好施予代償鬻妻子者人咸德之而家中落病革之日惓惓以不克終養父母囑其子道純道純時甫十歲滌

泣受遺命及長孝養父母一如其父爲廸大父母上壽終哀毁盡禮鄉黨共稱其不愧先志云至于賑貧乏恤孤寡周婚嫁建義阡修官塘時以爲善訓誡其子孫督撫屢旌其門而道純則曰吾僅完吾先人之志耳而其意未嘗求人知也

沈登先號昆明居家篤于孝友敬禮師傅勤勤課子爲事設教武林嘉禾間補餘杭弟子員入餘杭縣幕時有大帥驕横所過滛掠百姓哀呼徧野令憂之登先曰急須先傳百姓入城吾當身往説之

適遇鄉道道乃同里人因通大帥邑賴以安邑人擁道羅拜曰某等得保室家者皆仁人之功也遂歲時尸祝焉後以薦舉授官不赴卒若有戒溺女屠牛說語甚愷切

徐廷玠字元度如翰子承[illegible][illegible]之後克守先志忠誠孝友素聞于鄉侍劉宗周陶奭齡講學于證人會甚見推許後宗周殉節老成凋謝繼往開來皆廷玠之功崇禎間嵊邑大饑齎產往賑尋邑復饑復竭貲給賑全活甚衆

陶履羣字長文號拙菴恭惠承學孫文簡望齡從父祖齡逝世哀毀踰制事母王氏備極孝養朝夕無間自幼從外大父王龍谿講學問答間多有啓悟龍谿嘗語文簡曰此子穎悟非常而學問俱有實踐必能爲聖門大闡微言龍谿殁後獨居叢雲閣究心性命之旨甚得理學之傳與弟履卓履章齊名黌序友愛甚篤鄉黨中有貧乏者輒多方周濟遇橫逆之加絶不與校而橫逆者自愧履羣一生以謙愼自持慈惠及人咸謂孝謹之風克繩祖

父云

龔孫華字元之弱冠補弟子員試輒高等受祖父
世業附廓田數百畝而好行善事營父母喪葬畢
獨力砌西巫石路修通濟五橋毀兪家舍直路費
銀以千計後乃皈依佛氏效法龎門檢點餘田分
散各寺止剩田三十畝半𦢊娶媳半給饔飱淡薄
終身媳周氏守節焚修繼子承祧

魏國選字蘭渚滝貫書史精韜畧膂力絶人號萬
夫敵幼年家窶甚奉母至孝肥甘無不給以將材

授三屯營便性友愛俸養所積悉付諸弟視猶子如已出鼎繼爲嗣當未遇時元配之父若母以壻家貧且久逗京邸欲毀盟女不奪志抱欝而卒國選誓不再娶後雖富貴終身恬淡不樂衽席之私有名賢題其墓曰義士塚

皇清徐必遇字杰吾幼聰穎性孝友順治年任泰興簿兵叛率衆出禦戰沒妻姚氏攜五歲子泣覓旬日方獲遺骨巡撫趙福星疏聞贈徵仕郎賜祭廕一子

唐圭字文石宋義士珏之後裔也事父至孝事繼母恭謹倍常少年喪偶以有子不再娶生平坦易輕財雅愛剡溪山水居嵊者數載所至輒以行誼相高子允思字伯文孝友力學甫娶室侍母疾衣不暫解不近衽席者三歲母骨已寒猶抱持不肯起淚盡繼以血逢父母諱辰及歲臘輒號慟雖暮年如初也有客因如廁失橐金欲主者懸償主有歎而已或勸客已之客有歎而已彼此相厄允思路遘之惻然問客所失捐所有未足復倡義助之

而去遇歲饑有不能出戶者必親過其家量口給之食順治丙戌舉於鄉時値郊警力陳當事務弗泒窮民請以薦紳有力之家分門城守寔有陰澤及於鄉里子四人長賡堯登順治壬辰科進士

劉充司馬棟之曾孫持身孝友篤于義方爲劉宗周所推重子世學僑居金陵博典籍精翰墨封股愈生毋查氏疾兼好行善事義曹張夬旌曰純孝醇儒人咸謂善承先志云

吳拱宸越郡泮宮即其先世吳孜所捨地賦性孝

友終身孺慕且好施濟多行善事隱居抱璞鄉黨稱爲長者當事有梓里先型鄉評碩望之譽又從劉宗周講學以義方訓子詩書啟後享年九十有一子應龍亦七十餘孝謹不衰天之報施或其有功于聖門云

董弘度博通經史隱居東江與弟析產僅取瘠田數畝又好施與屢致空乏之鄉黨慕其義與禮讓絕爭訟者及數世

王宏嘉與訓導子東日太平守備俱以節義稱

沈士彥貢生鄭州州判殉節

陶曾齡字曾唯武舉歷官叅將與顧咸建同死

章國武字文叔少業儒有勇敢武舉應會試大司馬范景文奇其才名至幕下轉漕治河皆有功流寇破鳳陽下六合國武率鍊卒五千人焚其舟斬獲甚衆寇不敢南犯又以勤王功陞都督加少保時史可法招致劇盜幾譁國武治桀黠者數人一軍帖息尋以伉直罷病革之日喟然曰某死可上見先帝矣

會稽縣志卷第二十六

人物志五

隱逸　仙釋　方技

隱逸

隱士無可傳之名也然巢許務光之流至今稱道之何哉葢慕其高風如或晤之縱傳聞失實而不暇計今所聞豈如巢許諸人哉惟計其實也

唐秦系字公績自號東海釣鰲客有詩名于天寶間嘗結廬泉州南安九日山穴石爲研注老子刺史

數往見歲時致饋而系未嘗至城府姜公輔之謫
見系轗窮日不能去築室與相近忘流落之苦張
建封言系不可致請就加校書郎後遭亂避地剡
谿東渡秣陵既卒南安人思之號其山爲高士峯

五代

謝銓仕南唐官至銀青光祿大夫金吾大將軍
李氏以國歸宋銓守義挈家遁居祁門士論高之

宋

趙宗萬字仲困少知名錢忠懿入朝欲與之俱以
親老辭既長博極書傳用進士應詔籍於春官宗
萬天資瀟散於世故澹如也壯歲築室于郡之縣

水坊左瞰平湖前挹秦望畜一鶴號丹砂引以爲侶足跡不及高門鼓琴讀書怡然自適者三十餘年祥符中詔舉遺逸郡守康戩以宗萬薦尋被名乃曰吾老矣不足以任事因獻跛鼈傳以自見且請自託于道家者流朝廷不奪其志即其家賜以材服後十餘年卒華鎮言宗萬神宇清明識度高曠終日凝淡若嬰兒眞方外之士然取捨去就之際則確乎不可奪善八分草隸書通盧扁術或辟穀導氣嘗爲詩曰手懸金印心難動屏列春山眼

暫開蓋其志也

明

章鏓字克平性孝友博學工詩宣德間兩徵不起風節凜然爲世所推魏文靖銘其墓曰隱遯不汚南村一人而已

陶訥字世仁才韻迥拔以儒士應試故事試者皆脫冠披襟檢括而入訥謂非待士禮棄牘還與隱士王埜輩爲詩友酣咏自娛縱放山水中遂精青烏之術所懸記後多驗者晚慕神仙家言嘗入山學辟穀導引久而歎曰非學仙難然心爲難耳善

繪梅鼓琴好談論無事輒掃地而坐足不入城市者數十年

沈霄鶴字鶴士精通易理隱居買十終身無變志

俞邁生字日斯崇禎丙子舉人一室蕭然缾無儲粟授徒講業哦誦不輟享年七十有一

郭鈺字子式八歲能文十六補弟子員聚徒以百計多以甲第顯者而王毓蓍潘集皆與之游後隱居雲門山唯賦詩灌花爲事一日謂友人曰某月吾逝矣已而果然所著有易解古越書經濟編炙

古三賢

仙釋

聞之特受異氣稟之自然非積學所能致者仙也善爲宏濶勝大之言以勸誘愚俗精於其道者號曰沙門仙者惟恐人知者也穢迹傭豎乞丐之伍何知其仙何知其不爲仙哉釋者惟恐人不知者也其高者無論矣在今日擁高座聚徒衆珠官紺宇相輝屬所至從者數百人或逾千人如大將然鳴鐘伐鼓各奉一師詢其所由僉曰某師付法其法所由付實出多門彼自用彼法而不知自重釋

氏其衰矣敗麈折杖所在都有虞人獵網無復有遯迹者邑之名山皆釋也仙則少聞人焉

唐苗龍失其名能畫龍人以苗龍呼之貞觀中得道仙去今龍瑞宫東南一峯崛起上平如砥相傳爲苗龍上昇處

宋陳明攢陵鋪兵也人呼爲陳院長以罪受杖遂蓬頭跣足若病狂者往來行歌無定止頗能知未來事雪中不施一縷卧野橋上氣騰如蒸眼色正碧好以白堊書地且讀且歌字畫類五銖錢文觀者

莫識或憐其寒遺之衣乃轉與貧者淳熙八年歲旱或叩以豐歉應曰木災竹災魚災貧道災俄而洪水暴至所經竹木盡拔魚鱉漂流明病不食數月腹皮皆凹入附骨隱隱見五臟人謂其必死俄復如初有蜀客來見之焚香作禮曰先生正爲吾鄉募緣造橋安得來此衆始悟其爲異人蓋神遊于蜀中也後以微疾而終藁葬溪岸未幾其徒發瘞將焚之空無一物

老葉道人龍舒人不食五味年幾九十矣未嘗有

疾居舜山天將寒必增屋瓦補墻壁下帷設簾多儲薪炭杜門終日及春乃出弟子小道人極愿慤嘗歸淮南省親至七月望日鄰有僧名老葉飯飯已亟辭歸問其故曰小道人約今日歸耳僧笑曰相去數千里豈能如約哉葉曰此子平日未嘗妄也僧乃送之歸及門小道人已馳擔矣客每訪之拱揖甚謹然不肯多語或默作意欲叩其所得纔入門即引入卧內燒香具道其遇師本末若先知者亦異矣

元戴眞人性超曠不好榮利逍遥物外行業爲世所推嘗遊京師歸越朝士大夫多以詩道其行虞集詩曰戴先生日飲五斗不得醉再飲一石不肯眠昨從桃源來兩袖攜風烟長安道上小兒女拍手攔道呼神仙馬如遊龍花如雨蹴踏春秋作朝暮東方不作總間戲上帝還令海邊去海邊玉虹夜不收貝宫珠闕皆蛟蚪芝田玉樹久相待天上老仙那肯留戴先生鑑湖之水三千丈不可以鑑可以釀明朝亦脫錦袍去與汝酣歌釣船上趙孟頫

詩曰躍馬年年塞北遊春風此日送歸舟山中樹老飛元鶴江上沙塲卧白鷗未許謝公同隱逸肯留賀老獨風流山陰道士如相會沽取松醪醉未休

明金九先生弘治間人住富盛方泉橋故號方泉生平不巾櫛服垢衲人呼爲金蓬頭出口成詩多塵外氣一日青塘村幻出一舍有女織其中金逢之遁一句相賡金起而終之其詩云山前山後雨濛濛要入桃源路可通誰識閨中藏織女豈知牕外

有仙翁三春楊柳家家綠二月桃花處處紅欲問今宵端的事相思都在夢寬中吟畢女忽不見又嘗于武陵遇一道者飲于肆已而渡江擲隻履令渡金雖之履忽化爲舟道者竟渡金遂返過適所飲肆譁聚百餘人惟適所覆杯膠不可啟及金至爭令啟之即啟覆處有洞賓二字故人皆謂金且仙去九十餘乃終

鉢仙不知姓名年歲常手捧數十兲鉢人叩之唯曰孝弟二字冬月赤身睡雪中體常溫一夕卒衆

買棺殮之檢其篋有銀適如買棺之數將爲營塟舉棺甚輕開視之止敝衣而已競傳爲仙去云

陶與齡字德望號石堂宗伯諡恭惠承學長子望齡奭齡皆其弟也爲人通敏沉默酬荅簡約失得弗爲悲喜篤于孝友而淡于聲華萬曆乙酉舉于鄉出成都宗伯李長春門未幾卽世甲午長春子雲卿自成都試還盛氣自得于龍象山麓遇一道士迎馬笑語謂生勿妄想解元屬某矣汝當以庚子得雋丁未乃成名耳雲卿怒欲棰之道人曰我

會稽陶與齡爲若翁門下士特欲汝悟守故來語汝何辱我爲雲卿歸白其父久知與齡物故訝之曰與齡殆登仙矣已而所語皆驗蜀人盛傳其事特建遇仙橋書寄望齡爲之作記冢子履中任瑞州知府爲士民愛戴入名宦祠曾與姑熟李一公同爲部曹後一公提刑四川稽故老搜郡乘得實刻石于遇仙橋邊取其境地佳與蜀獻王之遇三丰類也詞曰吾聞八百里鑑湖天水烟雲粘菰蒲華陽道侶多精盧中有一人仙之臞隱几手弄日

月珠飄然乘風遊蜀都一笑偶到山川隅日暮道遠行人吁馬首數語開靈符仙影一去山模糊事奇語恠驚羣愚蜀山幽閟仙靈居青城鸞鶴驂霞裾峨嵋古雪侵肌膚先生倘在其來乎以上仙

隋

法極字智永王右軍七世孫常居永欣寺閣上臨書凡三十年所退筆頭置之大竹簏簏受一石餘而五石皆滿人來覓書如市戶限爲之穿穴用鐵裹之人謂之鐵門限後取筆頭瘞之號筆塚又嘗臨寫眞草千字文八百餘本分施浙東諸寺壽至

一百二歲而終

智果師事智永于永欣寺工草書銘石甚爲煬帝所重嘗謂智永曰和尚得右軍肉智果得右軍骨

唐辨才亦智永弟子從其師受遺書博學工文百家技藝悉造其妙每臨其師書逼眞嘗于方丈梁上鑿暗檻以貯蘭亭舊本年八十餘猶每日臨學數遍其篤好如此詳古蹟辨才香閣下

靈一律師居雲門持律甚嚴以淸高爲世所推姚郃贈之詩曰童子病來烟火絶淸泉漱齒過齋時

一亦能詩劉長卿嚴維郎士元皇甫冉皆以詩與之往來人多稱道云

靈澈字源澄湯氏子雖受經論尤好篇章從嚴維學詩抵吳興與皎然友貞元中西游京師名震輦下得罪徙汀洲入會稽劉文房贈詩曰禪客無心杖錫還沃州深處草堂閑身隨敝履經殘雪手綻寒衣入舊山獨向清溪依樹下空留白月在人間那堪别後長相憶雲木蒼蒼但閉關吳越多賓禮之終于宣州開元寺門人遷之建塔于越之天柱

峯有詩二十卷劉禹錫爲序

契眞禪師初與溈山祐和尚同在百丈山禀受懷海大師宗旨得全心印後游羅浮有越人請歸浙東俄屆雲門初住鏡中紫陰院後住覺嗣開元兩禪院大中初勅改覺嗣爲大中禹蹟寺令本道移師歸禹蹟聚徒北廓院壽九十七造塔于鏡湖南岸賜號澄明塔謚大觀禪師

良价禪師禮五洩山默禪師披剃遊方首謁南泉次叅溈山旣到雲巖見曇晟禪師問無情說法乃

述偈呈雲巖辭去曰問貌得眞話涉疑後過水覩影大悟前旨

五代 清化全付禪師抵宜春仰山禮南塔爲涌和尚印可安福縣爲建禪苑聚徒本道上聞賜名清化後還故國吳越文穆王特加禮重晉天福二年錢氏戍將爲闢雲峯山建院亦以清化爲名

宋 重喜少以捕魚爲生然日誦觀世音菩薩不少休舊不識字一日能書又能作詩錢塘關子東雅知之周少隱謂其能解悟如此眞乃得觀音知慧力

也

端裕俗姓錢氏武肅王之裔孫年十八投大善寺則忠落髮受戒具見佛果勤和尚與語大悅遂往依勤住蔣山命典記室尋分坐道聲藹著慈寧太后名裕演法於靈隱賜金襴袈裟紹興十八年移四明之阿育王裕蒞衆色必凜然寢食不背衆倡道無倦二十年十月十一日示微疾至十八日索筆書偈跏趺而逝壽六十六僧臘四十八荼毘烟凝五色如車蓋收舍利無數目精齒舌皆不壞弟

子奉遺骨分塔于鄮峯西華初賜號佛智禪師至是謚曰大悟塔名寶勝

唯定字應堂周氏子祝髮于山陰資福院自幼穎悟內外經典一覽不忘紹興丁卯住景德寺講偈有猿獻果于前及將卒謂其徒曰庭前桂樹花開我將逝矣其徒出視之桂花忽開皆成五色急返入戶則定已端坐瞑目矣龕留十四日顏色如生

明圓澄字湛然東關人俗姓夏少時當舖兵役因投遞覊遲受責詣天荒投妙峯和尚薙髮爲僧踰年

得戒于雲棲蓮池師以古佛期之掩關者六年適慈舟和尚謁南海還寓越之止風塗相見契洽慈舟遂付囑焉時萬曆辛卯也歷諸勞瘁向不曉文字一旦豁然直接曹洞之宗開闢顯聖道場講經說法不事粧點口頭家常話俱有妙理晚年募築往西塘路民至今利賴祭酒陶望齡甚敬禮之

皇清圓信字雪嶠鄞縣人幼穎悟端重不嗜世緣素性脫畧志趣高遠常往來雲門雙徑兩山間後覩古雲門三字開悟遂終老茲山當圓寂之前預寫小

詞以示徒衆詞曰小兒曹生死路上好逍遥皎月
冰霜曉吃杯茶坐脱去了及期果索茶啜跏趺而
逝建塔于雲門寺之右隴順治十七年
世祖章皇帝慕其宗風
賜帑金五百兩
御札囑弘覺禪師修其寺塔
御札曰錫杖還山時縈遠念兹覽音問式慰朕思來
伻言旋裁書附往並有欲語者朕每念法門輙景
先哲知雪嶠大師藏塔卓立雲門後學諸方應共

瞻仰比聞山界雖分基址漸圮恐年深人遠湮毀堪虞今特捐五百金重爲修治雖未必足窣波之費然經朕一爲整葺人必改觀起敬自不敢復行侵侮矣禪師重念儀型久懷崇飾當勉爲經理承朕敬禮尊宿之義以副夙心故茲特囑禪師其悉之

弘禮字具德余貴張氏子禮三峯藏和尚參本來面目一日對鏡藏和尚驀椎其背豁然契悟遂埋洸下汝若行十七年洞徹法奥藏曰此鐵骨真禪

也當大振吾宗遂授衣拂開堂廣孝應機迅銳聲振天下自此十坐道場垂興天寧靈隱法道之行天童而下莫有兩者晚遷徑山侍者問曰古德有坐化立化及到卓者未審和尚如何化師頓足云我只與麼化至天寧先一日令庫司設供徧禮佛已曉起更新衣履呼侍者隨上方去聲未絕頓足而逝建塔靈隱婁東吳太史偉業爲之銘塔

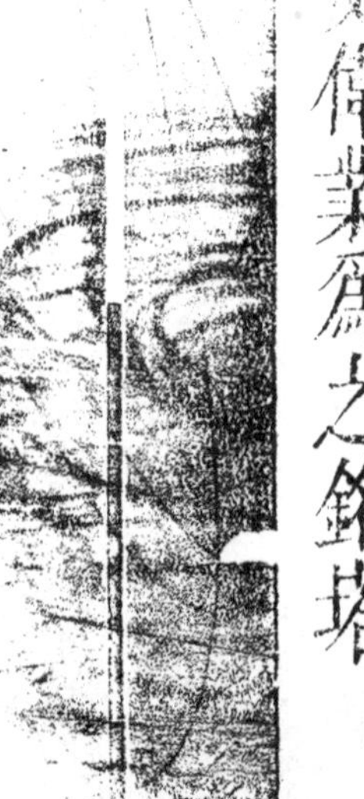

方技傳 舊志曰藝術傳 府志改曰方技

藝術不可以語道而有道之士亦爲之王右軍不世出之才也世傳其書右軍豈以書掩哉後之學書者終不及右軍其人非耳是以會稽藝士之藪也其所爲若書若繪若聲律器物之屬巧與拙不必問惟觀其人坦懷任意不屑屑於流俗有古狂士之風其所習必工爲可傳不然者所爲雕朽木飾嫫母畫土人也爲世所賤況若耶之溪水產銅如昔也何以歐冶之後不復有劍哉他若醫方之

善古之神人亟爲之邑有可稱悉傳之

唐徐嶠之善書以法授其子浩益工嘗書四十二幅屏八體皆備于草隸尤擅名世狀其法曰怒猊抉石渴驥奔泉

陳閎元宗召入供奉承詔寫御容及射獵按舞諸圖皆妙絶又嘗寫肅宗御容于大淸宮筆力遒潤風彩爽逸

孫位有道術兼攻書畫從僖宗西幸至城都嘗于應天寺門左壁畫天王部從鬼神奇怪百出筆勢

狂縱三十餘年無有敵者後蜀人景煥與歐陽同
遊寺乃畫右壁天王以副之同遂作歌詩一篇有
僧羅鑑善草書書于壁號應天三絕又有孫遇亦
以善畫著名焉

宋丁權字子卿善畫竹自述竹譜又有鑑湖懶民者
賀方回裔孫也作平遠細竹瀟灑可愛
陳憲章善畫梅有聲京畿

明沈恪字克敬軒達通敏讀書習字迴異常輩尤喜
題署求書者滿門且孝友惠義名重一時魏驥林

鴉每賦詩稱美有懷雅集子孫皆守其字學

馬時暘名暄以字行幼穎悟博通經史兼精丹青術尤善于古隸篆孝宗初徵入華蓋殿供御授錦衣衛鎮撫

關九思字虛白吳興人愛吾越溪山之勝嘗流連會稽畫兼諸家丘壑烟嵐鑄以性情不循恒徑而古人意無不備品格道上不彶彶金錢介懷逢其快適雖小童窶子點染與之若意有未愜雖貴介勿屑也落筆不肯苟且幅完注視有微瑕即碎裂

之其矜重自愛如此晚年好煉丹嘗爲人所賣辭知之不悔云其畫留傳吾越者多至今賞鑒家爭購之

田賦字貢甫香橋下人少聰穎喜點染受法于關九思攻苦勞瘁大得其傳

姚允在字簡叔少受學于山陰吳晃壯而摹刻古人化板爲活細密中有蕭疏之致游白下太史董其昌偶見其小幅大加激賞聲價騰起遂遇知于魏國云

胡廷寅名謹以字行幼業儒長遇異人遂精醫術憲宗朝徵至京師授御醫加左通政出入禁闥恩寵罕儷

唐繼山以字行萬曆年間人住安寧坊少喜讀書長而習醫以溫補爲事多奇效尤能以脉理決人生于數年之前人至今稱之有脉訣行世

張介賓號景岳素性端靜易與難悅年十三隨父至京學醫于金英盡得其傳暇即研窮書史醫法東垣立齋喜用熟地黄人呼爲張熟地越人桑晚

而幼即戕削熱地專補腎故輒效病未極人多不敢邀危甚乃始求救已無及矣然亦有死中得活者著有類經一書爲葉寅陽嘆賞卒年七十八醫術中杰士也

張允遥號瑞陽以醫名家生二子長時鼎號元素仲時位號行素俱業儒有文譽未幾仍紹父業專意救世病者一聞藥氣顛危立起貧乏之者毫不受值活人以億萬計遐邇受惠聲馳兩浙大史倪元璐宗伯姜逢元知府施肇元司李劉光斗知縣孫

麟後先額表其廬至今被活之家子孫頌祝不置

徐昇泰字世平理卿初之四世孫也學醇數奇屢困棘闈一旦典范公不能作相願爲良醫之志由是博究金匱蘭室之秘及百家活人諸書而于馬蒔素問參微尤相深契乃圭緒澤起人所不能起全越方賴視垣有年乃昇泰自謂手拯之及莫既曷若輯書壽世施濟大且遠也遂駕言哀邁堅辭診視之召梓遜言徧告惟一意著述作不朽業今正譌補遺一書禪綱目本艸所未備其久大之學

術雖列方技不愧儒林

王　號培元幼聰頴通諸子百家言長而有濟人志因潛心醫學越人遘疾雖良醫所望而驚心者輒使之立愈子仁龍號霖汝慷慨有大志壯遊京國人咸慕其豪風且亦以醫馳名畿省

會稽縣志卷第二十六 終

會稽縣志卷第二十七

人物志七

烈婦　貞婦

女子擇夫不能必其夫之不夭而舅姑叔伯能必其婦之不嫁何也邑之俗以禮義爲榮辱人之真晨夕晏閒相集委巷而言者必曰某之家内外有節某之家帷薄不脩或曰某以世族子來有婦他適則比之販夫販婦俳優賤隸之所爲衆以爲笑見其族人過之則竊指之而議其後苟聞之淺以

爲恥而不敢與於會是以必不聽其婦之更嫁也然何以能必之於其婦婦亦習於宗黨禮義之風且自有家以來無一犯之者則羞惡之心生郤紛華色笑不假稜稜如烈丈夫衆以爲榮是以貞操而性成者獨指景而心誓雖形存而志隕或誘以華膴脅以刀鋸而必不能奪匹婦之志者其守定也其次則爲習俗所勉同歸苦節但其孤子非富且貴則何能聞於上而聲施於後世哉

元禹氏名淑靖字素清吳守正妻至正十六年徙家石門淑靖常從容謂守正曰方今羣盜蜂起倘不測吾惟有死而已是年夏盜陷石門淑靖倉皇攜八歲女登舟以避俄有盜奔舟將犯之淑靖抱女赴水死

某氏馮道二妻至正末兵亂至柵頭執道二殺之氏年少兵謂曰從我則生不從則死婦曰吾寧死不爲若妻也兵怒露刃叱婦婦即引頸受刃死

明魏氏年十八贅宋允中僅三日允中歸歿于家尋

火于野投骸澗水魏奔號就水拾骸瘞夫家圃中服喪三年父母憐其少欲嫁之弗聽乃使人誘以百計魏仰天號泣蓬垢欲自殺家人固知不可奪然已受他幣嚴爲之守至期迓者臨門守稍弛魏潛之圃中解衣覆墓自縊死鄉里悼詠者甚衆中一聯頗佳曰歡聲未起哀聲動賀客番成弔客還

朱氏山陰余亨妻亨死朱年二十三無子亨旣葬朱氏遂投河死鄉人憐之

司馬氏溫公二十七代孫庠生世榮女許配董思

逝未及于歸而思逝訃聞氏遂絕飲食卒兩姓搆棚厰以紙偏行婚禮合葬珠湖山郡伯南瑞泉嘉其節諡曰貞一

毛烈女許配庠生董奕文奕文卒女美姿容求婚者盈門一旦女盛粧拜父母曰女生不能爲董氏婦死當爲董氏鬼矣父母朝夕守之絕飲食卒太史陶望齡歌詩賛之

沈壽姐年十八父應節以貿易他出母張氏早喪依寡居伯母呂氏度日適呂歸寧壽姐過其從伯

母張氏房宿夜半有狂且微犯之女驚喊大哭張及其女慰之曰此誤也壽姐泣不止次日不言所以服滷死劉宗周爲作傳

金氏章憲妻安慶遊擊章方美媳遇兵難脅之不從及寸磔並不號叫惟閉目念觀音菩薩兵有以其肉爲戲者歸即譫語死氏之慘烈古未有聞死後即成神于死所鄉人禱之立應

皇清章氏恩貢生九江同知陶士章妻士章貧甚止一婢售以易粟奉姑躬持勞役無怨言姑病日夜抱

持滌廁牏不少懈戊子萑苻四起勦兵雲集兵至
陶堰章氏以貧無舟故同族嫗匿鄰屋賊冐兵至
氏匿所值兒啼床下賊曳其髮出欲汚之章氏且
罵且哭賊脅以刃章氏奮身觸刃死
陶氏童汝茂妻十九而寡無子
弟綜之婦章氏及妹二人合
投河五人遂同死次日得屍握手不解面對如生
張氏庠生王嶙妻嶙試輒冠軍因苦讀早卒氏願
相隨地下絕粒數日而卒

任氏王某妻王墩頭村人寡居苦守經三十餘年

有狂徒以非禮犯之自縊死

王氏沈與參妻與參以戶部倉場辦事同居京城

二年與參亡一慟幾絶遂欲自殉父母百方勸解

王氏陽許之有窺其艾色謀娶者使鄰婦餙之氏

冷笑不言于丙午年五月十九日夜縊于夫柩之

側倉督白如梅爲文祭之以表其貞

楊氏郡庠生陳肇新妻家瀝海北桃大洋肇新客

江南順治丙申海船突至破城焚刼氏隻身不能

違避宅後有井遂投而死親友收殮之

姚氏林占春妻歸林方三載春病亡一女止週歲痛哭欲自盡以夫未塟母過愛明年夫塟而母死因自嘆曰吾所以不即死者爲夫未葬母在故也今夫已葬毋不幸死吾何顔再生送母殮畢遂以幼女託姑絕食數日死

貞婦

宋方氏名德因張孟珪妻珪卒子甫二歲方年二十四守節終身奉舅姑至孝教子義方事聞詔旌之

孟氏名道淨章璘妻許字于璘未歸而璘卒道淨哀毁痛切誓不再嫁未幾兄嫂相繼卒道淨獨事父母養生送死一無所缺撫兄遺孤二人皆有成立鄉人奏旌其門曰貞孝

明

宋氏胡止善母早寡勵志守節撫止善至長而止善卒其妻楊氏惠靖守節如其姑亦善教子以孝義稱洪武九年詔旌其門

丘氏董昇六妻一子甫週歲昇六死遂守節昇六兄樵風忤白貴妃親黨被陷繫獄死逮及妻孥閩

門不知所措丘氏曰彼獄已成徒爾號泣何益遂慨然語其姊唐氏曰汝輩急當遠避以保宗支願以未亡人代衆以婦人未能舍生不敢遽信丘氏曰如悔前言手足異處遂聽其抱子械至京師發配象卒氏觸階死而復甦又恐以白刃氏欣然就之明太祖曰眞正烈婦也朕甫膺天眷殺之不祥卽命備紅船送他母子還鄉其地賜名全節里

張氏郜仲文妻一歲而仲文歿家貧不能營葬事乃權厝于永思庵躬績紡甘荼苦撫教其遺孤廉

卒爲名儒仲文始克就寔之人謂張氏于仲文爲節婦於廉爲賢母云

范氏二女賀家湖人生正統七年自幼好讀書通列女傳其長者適江氏一月而寡次者將歸傅氏而夫歿二女遂併志以守别築一垣圍屋數椽田十畝于內以自居食種穫有時父卒傭以入外此則閉戸相對雖灌田亦溝引而已如是者踰三十年復自爲塋于里中之止水墩迨歿竟合葬焉族人以其所遺產立祠以祀今過者或裸穢輙得祟

其餘風凜凜猶若此一時歌詠有雙節祠集太守

湯紹恩申請詔旌建坊

秦氏名栢珍少通孝經大義嫁金伯珣蚤寡無子

性素貞靜甘澹泊屏居一室唯日誦心經而已舅

姑垂老孝敬不衰鄉人賢之成化初詔旌其門

俞氏洗源妻源歿遂終身不御綺麗養舅姑甚孝

謹撫遺孤訓以義方迄有成立成化初詔旌其門

胡氏張哀妻適哀四歲而寡遺一子纔數月舅姑

繼歿伶仃特甚躬自紡績以育孤致貲頗饒守節

六十餘年鄉里交稱之成化閒詔旌其門

倪氏名福淨庠生胡詡妻家甚貧福淨脫簪珥以供燈火詡歿清苦自持獨處一室人罕見其面居六十年貞操如一日弘治中詔旌其門

董氏金雷妻早寡且貧備歷艱苦而性素嚴潔稟不可犯勤紡績以養舅姑撫猶子底成立卒年七十有七单居者踰六十年嘉靖九年詔旌其門

宋氏宋知遠孫女董思忠妻也僅數載思忠歿氏遂膏沐弗施哀毀之狀見者起敬繼子懷浦撫若

親生舅姑親族無不稱羨享年八十有一歲朝廷
旌曰貞壽謚曰節孝
章氏名妙眞胡憲章妻早寡無子苦節自誓有欲
移其志者即向墓號泣墓有白烏來巢鄉人謂貞
潔所感卒年八十有五嘉靖九年詔旌其門
倪氏稟生王泰妻泰以白父寃追隨巡按冒雪千
里父寃得白而泰卒氏年僅二十餘家貧苦節事
姑盡禮教子成名壽至八十八歲一日命沐浴正
衣起坐中堂别親族曰吾將逝矣子俸跪泣曰我

母苦志教子仕歷二任俸囊所積當爲母請題建坊以報母德氏曰吾今而後止免得再嫁耳奚建坊爲言訖而卒時嘉靖十一年也

毛氏董錬妻年二十餘錬卒課子成家與董鉦妻虞氏同時守節享年七十餘歲嘉靖巳亥年郡守湯紹恩題旌其辭曰寡鵠爭鳴于天外雙鴻並篤于雲端表其閭曰一門雙節

蔡氏王鑑妻鑑卒無子氏年十九守節或諷之則曰吾志已定卽貧且無子安可奪也躬紡績以供

舅姑辛苦迄五十餘年嘉靖九年詔旌其門

余氏舉人章楽妻楽會試道亾余聞計頓絶而甦曰吾可死矣不可使孤無怙未幾孤亦死又頓絶而甦曰今可死矣不可使夫無後遂撫猶子卒見成立宗黨談其辛苦爲之垂淚郡守洪珠表其閭

馬氏曹繼祖妻高州守謙之孫婦也繼祖歿氏年二十一子甫二齡而家貧備歷辛苦訓其子迄有成立偶疾子爲延醫氏拒曰爾母者古稱未亾人矣曩不即死以汝幼耳今何用生爲竟不藥疾亦

竟愈享年六十三而卒郡守湯紹恩表其閭

祝氏適儒生王之驥甫六月驥卽隨父任越二年歸不踰月卒祝乃謝鉛膏獨居一室日取清泉一匜盥濯以自比迄六十年戚族罕覩其面無子獨教一女端飭如其母郡守南大吉湯紹恩表其閭

馮氏馬瓚妻瓚死氏年二十九父母欲嫁之氏斷髮剺面以自殘撫教遺孤文顯至傭刺以給卒成儒官享年六十九而卒郡守湯紹恩旌其閭

祝氏胡傈妻少寡無子舅姑欲奪其志祝泣曰今

爲未亡人以舅姑在耳我昔誓謂何乃不諒若是
孀居四十餘年卒無變志郡守洪珠表其閭
李氏適錢盛而早寡族人强令改嫁氏斷指自誓
卒堅守六十年至八十四而卒其子浩事母復以
孝聞郡守洪珠表其門曰節孝
胡氏沈袞妻袞父贈少卿鍊見鄉賢傳初袞聘胡
上合巹有期而遘父難自塞上并逮兄襄及袞繫
萬全都司獄中時鎮臣某銜鍊甚且逢時相意必
欲置二子死榜掠數百獄不具則時時問二子寢

食獄卒微知其意痛虐苦之時諷以炙一日巳刻期令夜分具病狀上矣薄暮忽讙傳兩道官下視獄至則呼襄及袞出命且緩之襄等亦不測所以明日問之獄卒則某者以給事中吳時來疏其罪惡逮詔獄未午荷銀鐺就檻車去矣襄等遂得釋然袞自是遂病血衂扶父喪歸比服闋始婚胡年巳二十七踰六月袞疾大作將不起呼胡曰吾累汝吾累汝胡曰有命自天向未婚時吾父及昆弟疑君有疾固逡巡我義不回今日實所甘心奏

遂卒胡哀泣日夜不絶聲盡出奩具治喪事有他諷者輒斷髮務面終日一室中卽同産非時不見如此者二十餘年晚染疾家人將迎醫胡告其父曰未亡人豈可以手令他人視哉初不云乎有命自天不藥卒年五十一無子以襄子某爲嗣

張氏沈東妻東自徽州推官擢給事中尚未有子張自家爲置妾潘氏俱往抵京則東已抗疏下獄矣東父年八十餘張數伏闕乞哀願以身代繫令歸一省父皆不報東家故貧養父且不給張與潘

日夜力女紅用給櫜饘甚不給則有鄉中父老爲泣貸于同郡宦京者久之詔出東時家益貧寠張乃身爲汲炊而令潘當夕後東起南京通政參議不赴卒竟無子張亦壽卒山陰徐令表其閭建坊于山陰之中正里曰一門風節

潘氏沈東妾東官給事時妻張氏以東無子自家爲置潘與之俱往舟抵潞河而東以抗疏方宿省邸中候詔潞河去京都六十里急趨入城則東已下獄三日矣張謂潘曰吾巳矣汝年少且與主人

未識面盍擇所便乎潘跪曰主人抗節夫人叉苦志婢子獨非人乎因流涕沾襟自誓以死卒與張俱守東在獄十有八年迨出獄時見潘問左右曰是昔日某乎曰然我當拜謝之乃再拜潘泣驚扶之遂同歸里與張俱無子相繼而卒

沈氏章邦妻十九而寡苦節至八十有四郡守湯紹恩表揚節孝

薛氏韓釋可妻年二十三而寡子甫四歲家無期親煢煢孑立惟務紡績用以養姑姑疾刲股以進

追姑亾喪葬如禮鄉人稱爲孝節
吳氏董浦妻生一子而浦卒吳年二十撫子至長
娶諸氏未幾子又歿姑婦相守四十年世稱雙節
陳氏年十七適金勝宗三年勝宗歿有遺腹子曰
志清娶張氏志清又客歿于京張氏時年二十姑
婦併志以守共處一室並九十餘而終
朱氏邑儒朱謙女歸羅道六歲而寡無子宗黨欲
奪其志朱慟哭自誓以歿卒請于舅姑立嗣子拱
璧以存夫祀已又撫其孫萬化訓以義方辛苦迄

四十二年而卒隆慶間萬化疏請于朝詔旌其門

張氏監生王金妻守節繼子爲嗣萬曆十一年旌

吳氏庠生朱泰妻性孝而介姑唐氏久病瘵而性頗暴時加箠撻常跪受受已輒起進飲食驩如也與其夫日飯麄糲布褐常不完而姑之藥餌極美好既而泰歿無後或勸之他適輒號痛欲絕奉姑益謹辛苦備至聞者墮淚卒與姑相繼而歿陶文僖大臨重其孝節爲白于官捐俸創祠祀之

黃氏董能八妻無子共操自矢享年耄耋

姜氏董和妻苦節自勵子子行歷官御史

秦氏年十六歸陶尚文纔十日尚文死氏慟幾絕踰年舅臨革呼婦至顧視雨泣不能語氏泣言翁哀予志不能久耶指其心曰此中如石翁勿慮翁慨然曰爾能然吾爲鬼亦報爾言畢而卒家貧遭二喪氏與姑處日纔一炊以孝養聞族中紳士咸重之文僖歲時過其家必曰請揖氏謝以年穉且分卑不敢煩文僖曰若人者壯節强志可當予拜況揖乎氏新寡時間歸視父母家人諷使二適氏

覺其意遽命舟歸久之又迎還勸喻益力氏恚甚閉戶欲自盡救乃免是後母家人噤口不敢言以伯氏子本正爲後正亦誠愿力作晚乃饒給云

李氏陶尊道妻娶氏方五日道病歿餙易容意狀凌遽既絶哀慟誠感左右踰年歸寧父傷女幼無子使其家人時引譬言婦人無夫若子如鳥折翮何以自聊氏聞而疑之詭父歸取衣囊父私喜挐舟送女氏登岸大言爲挐舟者曰好語主人吾嗣子成立乃歸相見耳諸叔俱幼小屬氏卧護之祖

媪性嚴急聞兒啼輒詈之諸母比屋夜從壁聞時
爲泣下家極貧縫紉浣濯析薪釋米靡不躬行自
歸後不復省父父念之令人迎而紿言祖母病急
求與訣氏少慈于祖母既聞號泣命舟將行翁知
其詐語之故氏乃大悔曰翁言是也堅不往以故
父念遂息居十九歲伯婦始生子鎔氏于乳間抱
養之鎔後爲諸生氏年已六十二祭酒陶望齡欲
白諸郡守旌之氏以貧僦人廬居不欲旌氏性剛
毅娣姒姑姊率畏之多敬而寡親全其所守有以

也

李氏秦氏皆六十餘法宜旌萬曆甲辰邑庠生上其事于有司有司謂旌禮詳重一姓二節宜先後以聞移書問宗老宜先者宗老荅曰以節以貧以早寡二婦均也李五日婦秦至旬日共爲後先者乎乃以李氏節上使者奏之詔旌其門〇陶于會稽爲望族理學文章踵生不絶而奇節之婦亦往往出乎其閫且祭酒非輕譽人者故均志之

祁氏商周禮妻年二十而寡守節至六十餘歲而卒詔建坊旌表

丘氏袁廷訓妻年二十五而寡端居內閫雖族人至戚不易見享年六十有七

朱氏陸琦妻琦早逝矢志守節事姑最孝教子陸偉成立萬曆戊子年撫院旌表節孝

朱氏諸生沈濚妻二十七生二子一女濚病故煢煢苦守舅亦垂歿曲意事姑宗族咸稱節孝子及孫俱弟子員七十七歲而終太守熊鳴岐旌

王氏陶師純妻純以掾滿考需選卒于京氏新寡郡貴人聞其賢求娶焉人謂之曰一日羞易忍耳而終身富貴氏曰吾惟不忍一日之羞故不爲也性剛難忤而慈愛人卒年八十四

陳氏上虞人陶設妻十九而寡歸寧父母憐其少
陰謀更醮或以告氏與婢桂謀着男子衣渡江走
家人追及譬諭百端終不聽泣曰吾得從地下願
足矣投于河父兄急援之抱持而泣哀動市人送
歸宗黨無不感歎越五年嗣子廷文殤氏悽悼成
疾卒族人重其節葬稷山題曰貞節陳氏之墓
桑氏張大順妻苦節終身知府熊鳴岐旌曰節孝
奚氏王萬栢妻夫死孤子大顯方在遺腹敬事耄
姑曲盡色養節凛秋霜數十餘載孫士驥兩淮巡

鹽御史康熙八年學道金給匾奬勵

董氏袁大儒妻年一十九歲而寡堅志自守風節矯矯享年七十有一府縣給匾旌

包氏董兆龍妻十八而寡無子守節至八十餘

馮氏馬光祖妻年十八而寡舅姑年邁子幼氏艱苦備嘗氷霜矢志歿年八十有六守道葉重華旌

蔣氏張允通妻苦節五十餘年宗黨謚曰節孝其後又有以節孝傳者知縣孫轔旌曰四世共姜

杜氏李大經妻年十九而寡子良軾良輔俱幼氏

守節課子艮輔年十六爲諸生巡按給額旌表卒
年七十有五
謝氏袁成吾妻年二十五歲而寡二子一女家貧
苦守絲粟皆得之拮据族人咸稱之
詹氏魏兆洪妻洪染危疾氏禱于天刲股進羹不
瘳氏年方二十五號痛垂絶以二嬰在襁餓寒苦
守保全藐孤壽八十三歲終崇禎三年詔旌
謝氏沈應詔妻年十七適詔甫一載詔進京身亡
家貧無子氏立志靡他事姑滑氏十餘年咸稱其

孝至六十七歲卒中外無間言郡守于穎表旌

楊氏劉宗琪妻氏年二十九而寡遺一子甫七歲家貧歲歉氏哭績易粃作餅爲食妯娌欲奪其志氏誓死不渝備歷艱苦日夜課其子讀書得遊庠有孫五人長幼俱就學皆氏教之也崇禎十七年推官唐煜署縣事表其貞

國朝康熙九年督學金旌其門曰全貞

陳氏姚士鈳妻鈳以諸生試不利抑鬱死家故貧落陳氏奉二親備極孝敬躬勤紡績以養朝夕設

夫像禮拜哀悼過傷數年而歿

魏氏包國禎妻年二十四而寡子應鳳在襁褓哀痛欲絶舅姑垂泣以告曰能撫子孫成立是不死汝夫也否則如無後何氏始強爲飲食自是不事笄櫛日勤紡績㷖燈課子舅姑逝祭葬之事靡不躬自經理年八十八而終宗族共稱焉邑侯陳學師周兩表其門

高氏袁祖烈妻二十三歲而寡紡績自活課子讀書苦節二十五年終子顯襄康熙己酉中式

胡氏庠生倪元璣妻璣爲元璐胞弟早歿胡氏呼天號泣廬墓三年事姑甚孝撫養遺孤氷霜凛然三院題請建坊人謂其忠孝節義出于一門

白氏包起鳳妻年二十有三而寡子方三歲舅又病故甘吉奉姑義方訓子閭里無不起敬孀居二十載而卒

蔡貞女蕭山人許配庠生余金聲金聲歿貞女截髮自矢父成其志遂歸余獨居一室布衣蔬食苦節終身金聲爲余煌親侄人謂節義萃于一家

張氏錢珠妻十八而寡克守苦節至九十六歲而終督學洪承疇奬其門曰篤孝氷操方伯史繼辰以節孝完倫額之

李氏陳文錦妻錦以貧病早亾隻身無倚子方四歲矢志靡他撫孤成立年九十九歲而終

陳氏魯一奇妻年十九歸魯數載奇病歿子應奎僅生十月上無伯叔下無田產氏矢志栢舟隻身撫孤成立荼苦備至迄六十三歲順治九年山陰令顧予咸會稽令崔宗泰並奬其閭

魯氏孟春明妻十八歸明姑病甚典衣進藥籲天封股姑疾瘳三年而病復作乃嘗糞知味甜不可療祈以身代竟不能瘳未幾夫又病歿將以身殉姻黨咸以大義責之因強進溢米殮殯倍難百苦叢集力作養孤手織口授教以詩書年七十餘卒

錢氏嘉靖乙卯舉人葉應暘妻萬曆庚辰進士葉雲礽母夫早卒貧甚氏氷蘗盡瘁日夜課子讀書成名卒贈恭人御史張文熙上其事建坊表揚節孝

章氏章頴女劉坡妻子宗周遺腹五月而生氏年僅二十七屢誓死以殉父解慰之得免家如懸磬刻苦自厲及子能句讀口授機杼間時氏兄司教壽昌遣子竟業道經千里毫無姑息及宗周成進士放榜之日卽以疾終于家御史按浙奏其事詔旌表建坊後累贈太夫人同邑陶文簡志其墓德清許恭簡爲之立傳

周氏儒士葉汝葑妻年二十二歲孀居子士梓甫六歲柏舟自矢紡績課子族里奉爲內範淸節流

芳人比陶母學道胡給匾旌表

朱氏太醫院吏目張時鼎妻年二十有五而時鼎卒悲號哀毀即欲相從地下以耄姑在堂遺孤乾芳坤芳甫離襁褓而泰芳尚在腹遂以女紅自支飲氷茹蘗其志彌堅凡所以供甘旨者無不備具及姑病終奉湯藥盡喪禮即古孝子蔑以過出秘笈督課藐諸俱成立克繼先業氏曰吾今可以報先君子于九原矣言畢而逝教授馬御月立傳知縣鎖文開以栢舟自誓旌之

宣氏金侶仙妻侶仙遊京師貿遷至饒迎氏北居無何仙病瘵卒無子氏盛年擁資窺覦者甚衆謀奪其志氏號慟指天以死自矢繼伯氏子壇爲嗣收仙所散子母未獲歸櫬壇娶于皮有孫氏曰可以歸矣遂還抵京口舟破僅以柩免盡亾所遺貲其父兄憐之與墓田稍爲營產然不能給旦夕壇復往北氏與婦力作蔬食誦經以終其身卒年六十七陶奭齡聞而傳之

徐氏婁一篪妻幼通書史年十九歸篪甫旬日篪

送父母赴京染疫卒訃聞氏哀慟覓死母苦閑之
闔戶毀容罄鬻簪珥歸夫櫬營墳並造巳壙非祭
[illegible]展墓履不踰閫苦守二十餘年嬰疾母兄强之
藥餌拒曰吾得早死從夫地下志畢矣絕飲食卒
貧無嗣越中紳士咸作詩歌傳之
周氏朱文賓妻年二十六歲而寡止一女伶仃孤
苦堅守不移孀居至七十七歲而終鄉里咸稱之
王氏璩宗禮妻年十七于歸踰月而寡誓守歷四
十餘年瞑目炷香坐卧一小室足不出閫閾

徐氏太學生史志尹妻蚤寡守節終身撫院旌

陳氏陶元齡妻年二十歲守節撫遺腹子至長

劉氏章養賢妻夫歿氏二十二歲家貧苦節兄宗

周時有所遺餘積以爲教子之需及子成人氏旋

歿

吳氏陳大忠妻蚤寡苦節六十餘年知府鄭棟旌

曰及笄貞守黴老益堅孝事舅姑至誠格天其子

三遷善承母志以文學稱孫師聖紹聖衛聖恪遵

父訓咸篤孝友衛聖婦魯亦以節著師聖子曾孫

際可邑弟子員侍母疾感神兆得延母壽督學胡
尚衡批奬孝行陳門世德咸謂吳氏節孝所鍾
陳氏王之泰妻之泰蚤歿一子旋殞氏日勤紡績
以養舅姑戊辰海潮爲患家悉漂沒氏編艸以棲
乃搆室立孫以嗣六十九卒
樊氏董栗妻栗病癩氏與處相愛敬栗逝人曰孺
人爲董者至而年少家貧且無子宜自圖氏乃囓
指血以誓立伯氏子繼宗爲後氏曰此吾旦夕不
即死者也久之姑死營葬畢貧甚歸養母家弟婦

不善時詈之氏不爲意爲其家作勞勤倍臧獲俾翁嫗及夫諱日必歸石浦村哭奠至老不倦萬曆丙子季夏卒于翁家年六十病革呼繼宗泣誡之曰汝立心爲善吾死且瞑言畢而歿禮部尚書羅萬化嘉其志行爲言于撫院溫公純將上其事于朝會羅萬化沒事遂寢太史陶望齡爲作傳

王氏齊潮妻年十八歸齊潮入貲爲郎將謁選行婦以夢不吉請止無往潮不聽婦請從行偕至潤州潮病且亟婦刲股投藥懇禱血襦焚楮方是時

婦有姑老家居三歲子一娠在其腹潮疾革執婦手以老穉屬婦嚙指誓不負俄而潮卒婦年方二十一也拊尸泣踊哀動鄰舟及治棺殮經紀喪事還越咸中禮度以祖墓歲久不辨昭穆更買地營葬親畚築焉氏既年少子弱宗之豪者覬其遺產時撼誘之婦乃引刀呼天斷左手指無變色徐拾墮指泣曰吾有他志者如此指豪謀遂寢事姑極盡孝養形影晨夕相依閨政肅然曉屏葷血持齋誦勿輟有請禮塔寺者輒云佛在是何用他求及

疾革豫知死期沒時七十有五孫三益爲衛募官
京師屬祭酒陶望齡爲傳可謂不忘先業云
劉氏庠生李上珍妻守節奉姑巡撫許題旌節孝
止遺一女配陶景麟遂贅陶堰荷花圖
樊氏章元雯妻同族姐妹爲妯娌元雯弟雲雯俱
幼亾氏姊妹勵志苦節家極貧以女工度活俱享
上壽縣令唐時舉表揚匾額雙節
徐氏嚴守禮妻年二十四禮卒事姑育孤苦節終
身享年六十有四本縣給匾表揚

吳氏章正思妻思贅妻家彌月而歸旋即出痘而
殁氏奔喪守節父母强之他適氏誓死不變終身

布素享壽而終

王氏章冕妻幼年孀居贍姑撫孤萬苦備嘗姑
年八十有二患病垂危氏刲股救甦給事邵之詹
贈匾貞孝格天蘇州知府余廉徵贈節孝歌并序
嚴氏章允賢妻十九歲孀居節著閭里里族欲具
詞請旌氏辭曰守死弗嫁此婦人應得之事若然
則累我矣享年八十有一無疾而逝

戚氏章旻妻十七歲孀居苦節六十餘年鄉族無不敬之家貧常斷烟火終無變志

董氏章守謙妻隨父之任粵東病殁董氏年十六聞訃輒截髮毁容守節盡孝而終聞之郡邑以節孝表其門

嚴氏章賢妻二十歲夫亡家貧織紝饑寒備歷苦節著于閭里年八十一終

徐氏章夢祐妻二十七歲守節四十餘年本府表揚

陳氏章懷仁妻十七歲孀居苦節六十六年有傳

志劉宗周筆

顔氏陶秖齋妻秖齋少慧早夭氏年二十八二子稺弱泣血茹苦足不踰戶者五十年宗黨稱爲完節

包氏儒士王汝華妻貢生王諭之婦庠生包梧女年十七翁夫俱逝家乏之擔儲紡績以贍姑因無子人勸之他適氏剪髮矢曰儒家女爲儒家婦未亾人唯一死以報幽冥耳鄰婦復勸之以刀封面鬪者莫不哀敬縉紳姚允翀包梧聞之當事給以旌

匾題曰貞節完貞繼王振宗承祧復以孝聞卒之年六十有九

易氏章上華妻蚤年孀居甥劉宗周揭報表揚

陶氏章恭斗妻年二十七夫亡撫孤守節三十餘年而卒院道表揚

梁氏章子奇妻年十九而寡三世俱絕有人勸其改適氏曰吾非不知家貧難遂吾志吾去如舅姑何如三世祭祀何孝養終身喪葬如禮卒後里老聞于縣匾其門曰節孝可嘉

魯氏馮秉忠妻二十五歲忠歿一子尚在襁褓親族以氏家貧勸其他適氏矢志不從日事紡績撫育其子終身不施鉛粉不服綺麗壽至百歲無疾而終

童氏庠生章以裁妻以裁早卒孤子尚綸又苦讀嘔血死家貧饘粥不繼氏紡績以撫其孫貞嘗訓之曰汝藐孤讀祖父書學忠孝事吾百歲後兗鬼猶戀戀耳孫貞乙未成進士咸推教養之功

董氏王華六世孫貽楷妻苦節三十年卒遺孤諶

嫂又早卒僅遺一孫𥙿址

高氏章得中妻生三子得中蚤卒氏年僅二十有四姑陳氏垂老在堂長子夢雈僅七歲氏苦志甘貧養姑課子享年九十一歲

金氏丙美中妻幼聰慧好讀書通列女傳于歸美中僑任三吳每脫簪珥佐不給不欲以苞苴玷清白且奉姑至孝刲股愈疾迨美中卒家業蕭然矢志課子故其子之貞舉順天鄉試之貞婦張氏尤盡誠孝姑耄無齒艱粒食張升堂乳哺盦享遐齡

皆張善調護之

陳氏庠生張汝爲妻蚤寡撫孤子焜芳熤芳皆成進士壻商周初與焜芳同榜奉旨建坊旌奬節孝

張氏章如鍔妻有閨範事夫如嚴君痛夫殁悲號欲絕及殮畢遂自縊于柩旁聞者無不感悼族人爲之舉喪

梁氏章偉妻二十二歲孀居以家務屬叔代理內無三尺之童僅一老婢相終始享上壽而終

章處子許字王新建之子因變革後父母嫌其貧

更受他聘乳媪露其語處子痛哭截髮不下樓終老

沈氏嚴大儒妻幼而慧十歲通女誡及女論語于歸數載輒稱未亡幾欲相從地下舅姑曲諭以保孤大義得不死丙夜篝燈訓其子女必繼之以泣雖處至親歡然時未嘗見喜笑容嫁女雖荆布楚楚然縷絲手澤不遺餘力聘婦雖鞶帨勿尚而實意未嘗少簡孤子早歲能文相期成名完姻奈試事不售輒遘疾卒氏泣曰予貪生至今日者爲存孤也孤亡與亡奚用生爲遂卒享年五十一歲勵

節二十八年女適柴氏外孫庠生宗達

馬氏章允賢妻蚤歲孀居翁姑恐其志不能堅彊之他適氏號天哭誓曲盡孝養郡邑給匾表揚

嚴氏錢國麟妻年二十二而寡無子煢煢苦守節凜冰霜壽至八十二歲而卒

馮氏寧晋丞平昇妻昇卒于官氏年二十二遺孤平遠甫三歲貧無以歸乃盡易嫁時衣飾扶柩歸葬稽山紡績奉姑晝荻課子子長而力學聲名重諸生間孫登稷亦克繼書香太史王自超傳其節

孝名公鉅卿贈詩成帙宗伯龔鼎孳顔其堂曰存

蓼蓋欲其存詩以慰孝心也

皇清章氏金日昌妻年二十歲而寡幽貞自矢事姑盡

孝順治十五年御史王題請欽旌節孝樹坊五雲

門外

孫氏鍾大成妻二十六歲夫歿艱貞守節歷久不

渝至八十二歲順治六年縣令崔給匾表揚

章氏張徵錫妻年十九而寡斷髮毀容誓以死殉

家人日夜守之得免舅張維堅仕長沙欲攜之任

氏不願扶柩歸寄居母家閉戶苦守虔供夫像飲食必祭悲思哀悼聞者無不感歎

柯氏戴應龍妻年二十二歲而寡守節撫孤至八十五歲巡撫部院朱題請旌獎

陳氏徐應魁妻二十四歲守節至八十九歲人無間言崇禎間知縣楊鵬翼旌順治十五年知縣黃初覺給匾旌康熙七年知縣王安世給匾旌

馬氏陳繪繼室年二十三而寡舅年八十有四子方一歲養老扶孤備歷艱辛年七十有六

楊氏劉其妻夫亡時子甫七歲篝燈課讀栢舟永矢享年六十七歲教諭沈象彝學道金給匾旌

胡氏陸傳妻年二十九歲而寡家貧苦守三十八年而風節愈勵香橋鄰里至今咸稱節孝

王氏謝允思妻年十九而寡風霜經歷苦而愈篤享年六十一歲名鑒謝復安其子也

王氏庠生祝孟鳳妻年二十四而寡子幼家貧且暮不支身勤操作苦節自勵卒年五十有六

闕氏夫阮廷諫入北雍歿于邸氏欲以死殉因姑

老而瞽子週歲無以養故苦守事姑甚孝謹姑年八十一病危刲股以療守節五十九年如一日

沈氏阮信宇妻年二十六而寡室空如洗無子可嗣破屋半間朝夕哀痛紡績苦守至六十三歲

王氏魏克生妻克生爲亂兵所傷氏年方十有七歲苦守養姑繼伯氏子爲嗣享年五十餘歲

魯氏鈕萬順妻早寡繼如昇爲嗣家貧堅貞勞瘁不辭享年七旬府縣給匾獎

王氏印綬妻年二十而寡家貧苦守事姑撫孤備

盡艱辛年七十有一

林氏莫雲亮妻年二十九而寡家貧子幼刻苦氷霜并日而食迄今四十餘年子稍成立

錢氏韓鎮妻早寡家貧無子翁姑老病氏勤女紅以養三代俱未葬氏以一身任之繼子全信爲嗣

沈氏劉文淵妻家貧守節事姑撫孤人稱節孝

鄺氏庠生潘大衡妻年二十四而寡無子氏號慟殮夫後即欲身殉以舅姑在堂守節終身

沈氏商周棟妻年十八歸商甫三歲而夫殁遺腹生

子郎矢志守節縣令張應薇旌曰操勤冰天

柴氏陶性六世孫志遂妻年二十餘夫逝遺孤嘉甫四歲煢煢無依紡績奉生繼二姑疊遭先人喪皆氏竭力以殮又合葬五棺俱獨任晚年于曹山石簣山房側置采菊堂避俗獨處享年六十有九臨決時翹首視其子媳曰予可無愧者唯一忍字而已謹志之子婦刲股以救雖不效亦其節孝之感

繆氏庠生周弘甲妻無子早寡苦節三十餘年瑩

葬舅姑竭盡其力女二幼適陶頡昌

王氏王龍溪孫女庠生陳周姚妻姚歿無子姑老叔幼氏紡績贍養以成夫志苦節終其身

柴氏庠生徐如翼子承燕妻二十而寡遺一子又早夭苦節至七十七歲

徐氏王三重妻苦節四十一載浙江臬司兼學政金旌獎

胡氏庠生倪士焻妻于歸四載士焻病危氏籲天祈以身代刲股血流滿地士焻卒哀痛哭泣誓以

身殉水漿不入口者五日又自引絕者再姑抱氏泣曰吾兒死不可使無後汝懷娠四月天若不絕吾兒得男雖死猶生也氏乃含涕唯唯生子坤口授孝經小學諸書二十餘年足不履中庭姑臥病匍匐侍左右供湯藥夜不解衣帶者數月因致疾將歿誡子曰吾不能事姑終天年死有餘憾汝善事祖母以成吾志語畢而逝宗人謚曰孝節

薛氏趙三漸妻十九而寡苦節五十餘年宗伯胡兆龍欲爲之題旌氏謝曰守節是婦人分內事斷

不敢有煩也鄉人益重之
王氏陳三德妻弱齡早寡有勸氏改適者則截髮毀容立誓堅拒遺孤大臨年稍長家貧無力就傅氏躬自句讀教之及壯才名日著補國學上舍尋除廬陵縣尹致政歸氏令出所積俸薪周給貧乏不可勝計未幾大臨又歿氏撫尸大慟婦朱氏恐姑年老過悲百計勸止事奉艱辛人稱孝婦鼎革後長孫泰隨征入閩多樹奇勳氏就養桐城時盜賊竊發牽累甚多氏囑泰虛心鞫問多得平反閩

人德之一日召家人環待端坐匡牀無疾而逝終年九十有二兵部左侍郎黄徽胤爲作墓銘國史院侍讀學士富鴻業爲之立傳

吳氏王啓錫妻幼時父養正常以列女傳示之輒通文義歎曰閨閤洵當如此及于歸七年夫歿氏年二十四誓守節惟勤紡績孝事舅姑訓三遺孤親師取友族黨有貧乏者脱簪珥周之歷年七十有四時夫之始祖舊有墓在山陰竺里山即宋大儒名佐者故勑葬此康熙己酉年有同族人盜賣

其山氏聞之號慟數日勉其子與其族人力控當道而祖墓賴以安鄉人稱其節孝且好善知大義

蔡氏庠生蔡國祚女配朱慶孫朱曾惠爲妻彌月夫亾遺腹一女堅貞苦節四十年而終

其氏陶四一妻無子年二十一守節至七十八歲

孟氏薛允勛妻蚤寡苦節事姑咸登上壽

徐氏張萬祚妻封股愈姑疾萬祚任吳江解餉卒京郎氏苦節撫孤長子彩亦封股救母次子彬仕屯留縣令辭職歸養人稱節孝之報

馬氏梁一衡妻一衡亡氏年二十七無子家貧煢煢姑媳幾不能生勤苦奉姑八十九歲而終氏年五十有七邑令王安世表其門曰節孝

陳氏姚世治妻氏隨父居京師世治南歸父謀改字氏易衣辮髮作征夫狀覓夫于濟寧泣曰逆親不孝旅行無儀既見君子妾事已畢奮身投河死

來氏蕭山來夢麟女適會稽儒士史遴節夫病割股求代二十四而寡繼姪義尊爲嗣苦節終身

章氏張汝樂妻向實卿章伯煇之女年十九適張

二十三而夫歿一子甫彌月哀痛欲絕服闋依居
母家撫孤甚嚴曰是兒早喪父不得不以義方責
之名其子曰貞芳氏年六十一而終
鄭氏董昌十七妻年二十四而寡止遺一子夜夢
夫語之曰有迫汝者將奈何氏應曰一死而已遂
驚寤次日果如夫言氏方斷葷即自斷髮曰少有
二心即如此髮辭色凜然衣一絮衣二十餘年舉
以示媳曰此女舅在時衣也雖歲久勿敢易今無
愧矣享年六十餘而卒

沈氏章正宸妻篤孝舅姑賢而有氣節當正宸未第時以紡績佐讀及正宸登第入諫垣兩下獄同官爲之危懼氏曰登清白如此聖明終不鑒耶不爲變色殆正宸離家後布衣茹素屢遭危險以義命自持鄉黨重之

倪氏孝廉董懋史妾懋史卒氏年僅二十有二無所出矢志自守苦節四十餘載卒年六十有八

王氏庠生柴震元妻早寡艱苦備嘗晚節益勵止一女適余

黄氏陳澠妻同妾張氏苦節三十餘年孤子集善承母志媳余氏大史煌之妹刲股療父疾于歸後事嫡庶二姑極其孝敬宗黨咸重之

周氏姚允逵妻罄資助允逵援例國學逗京邸家貧奉舅姑盡禮刲股愈姑疾單居者五十餘年子士鎮官長史封氏爲宜人女適余增逵

嚴氏會稽庠生史在鎣之婦二十而寡上有髦姑下有幼子矢志自守勤于針黹菽水承歡詩書課子里稱節孝人無間言府縣給匾奬勵申請候旌

尉氏儒士范懷義妻相夫誦讀年二十七而寡遺孤甫八齡撫養成立有丸熊畫荻之風年至七十有四無疾而終萬曆間邑令翁愈祥表其門曰貞節康熙丁未學憲李如桂額曰止水關戊申學憲金鏡額曰封髮完貞巡撫范准侯彙　題旌表

黃氏儒士王飈妻年二十六而寡栢舟自矢世稱水霜勁節孝事舅姑族黨推重撫孤王格苦節五十餘載病劇媳金氏刲股以救節孝出自一家如此

沈氏庠生袁大琰妻年十五未字兄文奎久出值

母疾刲股以進母病遂痊後適琰事姑至孝迨兄
從龍南還隨母兩抵淮署孝養有加及母棄世哀
毀骨立越數載夫亦疾卒遺孤茂育年甫七齡遂
益堅忍自勵治家嚴整閨門雍肅越十載育年十
七遊庠遂氏遘劇疾卒時年五十有九

會稽縣志卷二十七終

會稽縣志卷二十八

序志

舊志序　舊志凡例　舊志總論

舊志脩於明萬曆之甲戌歲釐爲四書曰地書曰治書曰戶書曰禮書著總論四地書之目十六曰沿革曰分野曰形勝曰山川曰風俗曰物產凖書之目二曰設官曰作邑戶書之目四曰戶口曰賦曰水利曰災異禮書之目七曰官師曰宦績曰選舉曰人物曰祠祀曰古蹟曰寺觀目之中各有所

屬著論於其後計十有五首新志方之府志條目去四書之名增爲三十四論自舊志十五首而外其十九首與府志同迄全稿授梓纔奉檄緝縣志余亟取其編力芟繁蕪摘疵類遍采輿評備爲稽覈凡四閱月再易梨棗未敢曰可續舊志之後也相傳舊志著論出徐文學渭筆也其十五首既列篇端所益十九首俾俞生嘉謨匯爲之其總論無所屬乃於篇終重梓舊志各序凡例以次而及於總論志不忘也

舊志序

萬曆癸酉冬元忭以告歸越適楊侯維新自松陽移令會稽甫下車首詢興廢知邑未有志乃過余愕然曰會稽自夏后氏會計諸侯時已聞域中迄今幾千載而志尚闕斯非有位者之羞抑賢士大夫亦與有責焉子太史也曷圖之余曰此吾志也顧才媿史耳蓋聞諸故老往華侯舜欽嘗謀諸邑人金樂會偕馬金谿堯相而書未成既而張侯鑑又嘗謀諸姚之岑山人原道而又未成比楊侯節

亦且經紀其事而壽以召行夫事之難成也如此然前所云二草固在也而今之文學士優于史無如徐生渭者余即不敏然合衆長採輿論以贊成一時之盛舉則何敢辭楊侯喜曰若是是會稽之山川徼惠于子也于是走使于姚訪之適岑巳殁書不復存又訪之金谿所得所藏草以屬徐氏專編摩之役而余亦忘其固陋爲之嚴義例覈名實互相讎搉凡數月而書成書凡四曰地曰治曰戸曰禮夫治邑猶治畝也農夫之于畝不察其方之

南北土之肥磽則播種之法無所施治邑者必[illegible]
是故首地書夫既察其南北與肥磽矣而播種之
無法可乎故次治書治書者擇農之人辨農之具
與其廬也治之之要養之教之而已養之教之者
舉農與具以培穀既培之而必別其備之勤惰與
其種之美惡以爲久遠計也故次戶書以明養次
禮書以明教嗚呼四書具而爲邑之道畧備矣使
祿于茲邑者因是書以察地之宜與治之要拊循
其民而導之以嚮方如農之于畝使他日謂是刻

也不足于華而有裨于實用則余小子其斯可以釋媿也夫

修撰張元忭撰

夫陳彝表極徵信考衷以鏡得失昭鑒戒者莫善于志古者小史掌邦國之志而後之志郡邑者宗之是故則壤成賦本諸禹貢辨方正位稽之周禮紀年繫事取法史遷體備諸家之作義兼列國之史矣而可易言哉會稽本以山得名又禹所巡也遂以名勝擅于東南自封建罷而爲郡郡析而爲邑併分因革世道汚隆于其間矣從而志之以維

世也爰稽往牒若王龜齡之賦工詞翰而少典則陸務觀之志務該博而乏體要迄今曠闕又三百年矣例以今之會稽事多不類莫麗有定經制莫詳焉在嘉靖初郡守以志事檄屬縣維時長吏暨文學士一加蒐輯尚無成書豈事有待而時有會耶萬曆紀元楊侯惺泉莅茲邑其爲政識先務達遠猷銳意修舉適張太史陽和以歸省家居遂以志事爲請曰此史氏之職也古有立言以垂不朽惟執事圖之太史氏慨然曰余昔侍家大夫修山

陰縣志嘗與聞其義矣敢不良圖于是刪訂舊槀旁採近事定例以正義分門以聚類挈綱以統目爲圖經爲年表爲傳志爲論述釐爲一十六卷歷數月而書成既刊布矣楊侯謂予當序其端予謂太史氏之義例嚴而名實核矣予更何言辭不獲則申告之曰天下者一邑之積也一邑者天下之推也知所以治邑則知所以治天下矣而可無志乎志者政之紀也教之軌也審于斯二者則于治幾矣而可不知所重乎將欲載之空言不若見諸

行事是故觀于戶口之登耗而勞來休息之惠不可不務也觀于賦役之煩簡而劑量均一之規不可不守也觀于土田之腴瘠而攺㩁冒隱之禁不可不嚴也觀于風俗美惡而化導轉移之幾不可不審也觀于人才之盛衰而條教課試之法不可不慎也其他稽星土以察災祥審形勢以示守禦修陂塘以時蓄泄秩祀典以昭崇報明職守以敘勳蹟皆志之所以爲訓也稽于古而有獲通其變而使不倦此在司民牧者加之意而已則斯志也

固經世之典也豈待予言而後傳哉　僕卿商廷試撰

會稽自建邑以來千有餘年至楊令君維新圖于太史張公而始有志又四月而刻始成且布也請序于余余讀之見其列書四首地書次治書再次曰戶曰禮爲養與教之書而括其意謂養關于地之物產教關于地之風俗夫地當其始也芒芒一物耳雖未嘗截然自爲九州又犁然自爲郡與邑而風氣物產之呈固隱然有九州郡邑之界存乎其間而養與教之具亦無煩于舍此而別有所取

然而地之道止于是矣于是州與郡邑之域與吏之治作而養與教之道舉蓋天地之權有所不行于風氣物産之後而始假吏以濟之是道也高冠而談者類知之及書于册則往往若有若無雜見而錯于紀豈謂書志者與論治者固不相謀也其殆未知天地之與長吏交相濟以爲治之理矣而今四書中所列正其義也是義也非太史不闡非令君不能信之深而行之敏若是噫吾于是而有以卜會稽之治矣萬曆三年知府滇南彭富撰

邑之貴志非特爲令者取舊政之可師與才賢之可表于以佐化理于一二而遂已也蓋將察風俗之美惡稽物產之沃瘠驗戶口稼穡之登耗約徭賦之重輕與山川水旱之所由以出利而入弊時調劑而張弛之殆舉百里之大聚方册中目注心營而坐致其理不煩下堂而得之此邑之所以貴志者貫綱舉而目不能逃也然其道雖全而寡驗即驗且緩不若簿書期會與奔走將迎之事一得則共指以爲得一失則共指以爲失其爲效明而

且速也惟其如此是以仕者往往多急于此而忽于彼即有志于爲其全亦泄泄然倏然雲與忽然風散矣余昨叨會稽者三年既而覺志之貴于邑者如彼已上記白省中將料費設館頗有端緒顧謬以名行矣繼余者爲丹徒楊侯首下車値太史張公在告以圖之而書遂成至是謬以序來屬余讀之感曰是書也余當時頗以不及親覩爲巳咎及今觀之使當時而果成則未及太史之南安得董狐丘明筆一光簡册若今日哉然則余之咎殆

書之幸也雖然余始而侯能終之固深幸矣抑余圖于趨名之終而侯能舉于下車之始余誠不能無媿于侯之早見也歟

知縣内召給事祥符楊節撰

會稽以山稱始夏至于今四千有餘年以邑稱始隋至于今千有餘年地非不名世非不久長茲土者非不多也而志則尚缺萬曆甲戌新自松陽移令是邑念之檢禮牘得前令楊公節所圖巳有緒可舉遂以請于太史張公元忭閱六月而書成又四月而竣刻是爲萬曆乙亥之三月余始覽而欣

之既復嘆曰會稽以千餘年之久未有志然而治未嘗不治也志果關于邑而不可一月缺乎未盡然也然而今之譜奕者非譜無譜則奕者盡不能奕顧必譜者以爲寧譜而備善奕者之或遺毋寧恃其善奕遂決于廢譜而卒果不免于遺也志果無關于邑而可以千餘年缺乎亦未盡然也噫此余之所以必有事于志歟然而前此圖之者亦屢矣而竟不克就也夯觀者嚴于責備曰志必超于人如是如是不則不稱任事者苦于得謗曰志必

徇于人如是如是不則不免于人言而不知任事者不問其盡稱與否果肯握管以書即不能悉副旁觀者之所云然豈無一二之補不猶愈于歷千有餘年無一字徵于文獻者乎今太史者古所稱備史之三長者也列邑之志即間有遺殆亦咨討者之未豫歟呂覽出懸千金易一字都人不敢易是文信之威籍之也而史通一書徒能詆前作者又無所追益于其間是劉子之妄也今邑何所籍哉且又未敢謂是書必不可追益諸君子在今日

誠可易則易而嗇之以俟慎毋爲都人其在他日必有斷此而脩之者豈可舉所[illegible][illegible]者以酬甚追益慎毋爲劉子斯不負于會稽矣知縣楊維新撰

舊志校正姓氏

庠生季寅金鍾馬鳴春儒士王雲鶴陳大壯

會稽縣志卷第二十八終

無取于舊草弊所終利所始非移不悉故悉載諸移正如上條所云特重于考實不敢避俚俗之譏云爾

一制作諸人雖在先輩直書其姓名曰某竊取於臨文不諱之義而姓名之上初見則書其朝再見則否如三五人同是唐朝則以首一人系唐字其他則否如三五人俱唐人而中有一宋人初見者雜其中則亦系一宋字至于綱之書或目之序事已著朝代者姓名上以圓圈方圍別例不一並取

舊志凡例

一志諸書大約稍因邑人金階馬堯相氏家所藏兩舊草如署屋之紀直曰幾間山川之紀直曰其山其川壤畝錢穀之紀直曰幾畝幾兩幾石物産之紀直曰其物者俱不改其舊彼摹數語數字于禹貢周禮山海經若史記貨殖傳諸書者以避俚俗之譏則似矣而于考正顧不若直書之明覈故不敢取彼而舍此也

一戸書所關者尤大故頗詳比徵法復大變故亦

隨文便覽觀者當自得之

一志中有一事屢見雖繁而實不可殺者特從賓主之分而詳畧其文耳

一諸制作各列其目之下以不立文字門故不甚省至所著書目當立典籍者以各見其人之傳中故省之

一傳類凡六曰宦蹟列賢寓賢貞烈藝術仙釋非歿久論定不傳間書數語于兩表中若墓者爲傳之別或見聞所不及者俟續書焉夫作舍道旁三年

年不成故是志也忭與徐子稍因舊文而裁定之于鄉先生未暇徧諮特爲之草創云爾正訛補闕不無望于後之君子　張元忭

舊志總論

余志會稽首地書而地之目六曰沿革分野形勝山川物産風俗是也考之王制曰廣谷大川異制民生其間異俗剛柔輕重遲速異齊五味異和器械異制衣服異宜修其教不易其俗齊其政不易其宜夫所謂川谷卽地書中之山川也其曰廣大則形勝也曰民生剛柔輕重遲速則風俗之所由也曰味曰器曰衣則物産之流也四物者之受成於地也亦猶冶之于器劍不可以爲戟而戹不可

以爲壺工人者亦就其近而稍譬之耳故曰五方之民皆有性也不可以推移其教可循其政可齊而俗與宜不可易今夫天下大器也會稽亦治中之一器也長是邑者猶工也告工以其器故必先治告長以其治故必先地或者曰地先而邑之沿革則後若夫分野則天也天又先于地子志地而首沿革何也曰呼馬者呼驪馬則他馬不得應徒曰馬則他馬得應之今志邑者不首沿革是呼馬而不呼驪馬也他邑者且紛起而應之矣亦何有

于分野

夫有地如會稽則不敗闔而教養之政可施矣然地不能以自施也必付之能者曰設官官不能以露而出政與民之露而處也必付之近曰作邑自周之有官曰正始以至明之有官曰知縣而止其屬凡以數十百計悉官之設也自居縣之官曰署始以至衞民之居曰烽堠而止其類凡以九計悉邑之作也斯二者因地以爲治也故統之曰治書計邑口以料民自軍竈至僧道其類十有七其數

六萬有奇計邑畝以料土自田至漊其類七其數七十萬七千有奇而口之役于上者二曰銀以僱役曰力以自役今悉用僱役其人五百八十有九其往役之所六十有八畝之賦于其上者二曰本色以便近輸曰折色以便遠輸其目七其總會之數米五萬二千六百六十二石有奇鈔九千三百四十五貫八百文有奇而名之貢與諸榷之不出于畝水利災祥之不關于賦者不與焉夫是口與畝名之貢與諸榷上資其養於民亦上所以養乎民者

也凡養之義類屬戶作戶書戶書者與地書中之物産則闗也而物産出乎山川山川地也地從星星從邑之沿革

夫民有養則可教官若師皆教之之人也教之則必有以風之故宦蹟選舉人物出焉而若寓賢若貞烈若藝術與仙釋皆人物之類也故悉隸於人物志祠祀以追崇其賢有德者也志古蹟以不忘其賢有德者也其於人物亦類也而繼之以寺觀何耶寺觀固二氏之賢有德者棲也亦聽其徒以

賢祀之耳且彼二氏之教與吾聖人之教迭爲消長者也寺觀之盛衰吾以是徵世教焉故不可得而遺也噫邑而至是亦備矣而總之不外乎教凡教之義類屬禮作禮書禮書者與地書中之風俗則闕也而風俗因乎山川山川地也地從星星從邑之沿革　徐渭

凡例續

一史書禹崩于會稽又書少康封無餘于於越以祀禹墓少康之世去禹未遠始祖王陵豈容少涸

楊升菴所據者謂蜀中掘地得古碑有李白所書禹穴二字按蜀之石紐鄉禹所生地其所謂禹穴者乃生禹之穴非葬禹之穴也太史公上會稽探禹穴是連屬語升菴故作剖裂以逞舌辨此皆文人謬執已見以亂古典悉應删去不必存疑

一古會稽郡所轄最廣今以閩論則除福州爲閩

越以浙論則除溫衢爲東甌其他皆郡地也合江南之蘇松常鎮則所謂會稽郡者今且爲府二十朱買臣以吳人出守會稽漢武帝曰子今衣繡歸故鄉矣建治姑蘇後世不考或傳買臣爲越人且以太公望覆水事附會之而會稽一邑則有覆盆仰盆弃香橋等地香橋之說則曰買臣還鄉名香橋也不知香橋在梅園衕側陸放翁種梅行人多于橋上聞香故名之世俗盡附買臣則陋甚矣如此類者並加訂正

一會稽與山陰其界止一水故邑之人互置產弗問互僑役弗問互訟獄弗問互考校弗問且郡城爲八邑之人所聚多遷居焉其姓之最著者餘姚之孫之王之呂之姜上虞之徐之倪之李嵊縣之商皆登山陰會稽之版籍久矣然孫忠烈王新建呂文安姜宗伯徐中丞徐少司馬李中丞倪文正商冢宰志之山會者未嘗不志之原籍比入府志咸歸一焉

一會稽東有娥江北有大海南有杉木駐日嶀山

諸嶺恃爲天險而西界山陰並皆平壤殆之晉書

五代史保越錄凡險隘之處俱知保守而獨於山

陰平壤膜不關心近瀕海無事而小盜反在萑苻

近地則戍守巡邏可不加之意乎馬援曰臣歷井

陘之險憂馬蹶執轡甚恭幸而無失此至平路放

轡自逸俄而顛越此言雖小可以喻大

一陵谷雖未變遷而山水顯晦亦有其時城中向

傳八山而八山之內既失蛾眉八山之外復遺黃

琢水經注之失記補陀猶可委之海外今且近在

城郭豈可聽其迷失乎悉爲表出以補缺遺

一兩浙之賦役自甲首錢行富者立破其家貧者至不有其妻子龎御史盡爲裁革製一條鞭法以蘇民生至今百有餘年然日久弊生而今之最苦則在包役夫包役則踵事增華變本加厲猶夫備載者恐軸之折而加軸其上以爲備而不知加軸之趣軸折也當事者痛除此弊則賦役自清

一物產徧天下而獨于是地書其物其物者非表異也凡物有天造有地宜有人巧陶宴之肉芝之了

溪之禹餘糧從天也日鑄之茶兵坑之笋羅紋之莎角瓦窑之銀魚臨山之瓜道墟之李之橘從地也會稽之紗羅之竹箭陶堰之火籠之團扇之皮箧從人也今茶笋依然烹煮非法瓜果猶是栽植失宜則物產與風俗皆趨于衰也於戲北方燕毳越鑄秦鑪亦存其名焉可乎

一甲第科名至豔事也黃榜一出深山窮谷無不傳其姓氏而身歿之後烟銷影滅一榜中除立德立功立言之人則鮮有傳于身後者矣樹立其可

綏哉昔韓昌黎而後並不聞有衮以此知人貴自立甲第科名可艷而不可恃也

一越中古蹟其在稽邑者岣嶁之碑雷門之鼓王右軍之墨池題扇橋筆飛樓禹陵之窆石梅梁與金簡玉字之書曹娥之虀臼碑歐冶之鑄劍竈見之遺文固未可盡信至如土城山西施歌舞之是跡龍瑞宫錢拖船之山坳其爲荒唐之言尤甚矣有人于此攄雷門之鼓而必求其聲聞伊洛荒禹廟之田而必待其象耕鳥耘其不爲人所竊笑乎

姑存之無盡信可也

一所謂三不朽者今之人有言未必有德有德未必有功有功未必有言前之脩志者凡屬名公鉅卿得其片楮以爲鴻寶所載詩文間多膚陋今或去其皮毛存其威瀋若今之詩文足以光郡縣者未能徧爲搜輯蓋有所俟也　張岱

會稽縣志後跋

會稽自隋開皇九年建縣以來山川靈秀風物奇尤中間往往斯寓斯生斯者理學忠孝政事文章往往冠冕一世其前代施郡判所作志陸待制序之者久不及覩至明嘉靖中金樂會馬金溪兩先生始事草創張陽和徐文長兩先生乃纂成之于是稱名志者必及會稽迄今百年舊者亾仍新者難嗣

邑侯呂公甫下車拳拳屬意欽德以亟成是書爲言小子何心敢弗黽勉從事適殉難章公尚

綱領子章開從函關旋示以新脩陝西通志展卷玩之義例精詳因知志之有關治道互增補者正復不少如舊志闕學校欽德本之闕里志攷之蘇州府學志參酌成之故較各志爲最詳其新總論十五篇乃欽父所手定載之卷首是書初成爲學使劉夫子所欣賞上之督撫聘脩省志欽德自揣會稽一邑尚懼不斂矧夫通省曷敢濫膺特文章知遇雖在一日敬勒千秋謹跋

康熙十二年歲在癸丑暮春三月會稽董欽德跋